禅修养心

禅修养心

六祖慧能说："菩提本无树，明镜亦非台；本来无一物，何处惹尘埃。"他认为，心本是清净的，谈不上被尘埃污染的问题，只要明心见性，即可顿悟成佛。这种顿悟禅认为，每个人都有佛性，与生俱来，从这个意义上讲，人人都能成佛。

禅，不是让你去敬畏，而是让你拈花微笑，让你去顿悟。顿悟，顾名思义，就是汲取瞬间的领悟，不用整天去什么庄严宝刹参禅礼佛。也许，不经意间的一个动静，便可让你妙悟，参透生命的玄机。

禅是达观处世的态度；禅是养心怡性的指南；禅是慈悲为怀的仁心；禅是励志修身的妙悟；禅是执著追求的精神；禅是优势生存的智慧。用禅的精华来浣洗我们的心灵，教你学会做淡定的自己。

禅修养心

给大忙人看的修禅书。一天一点禅，解脱心束缚。

李世化◎编著

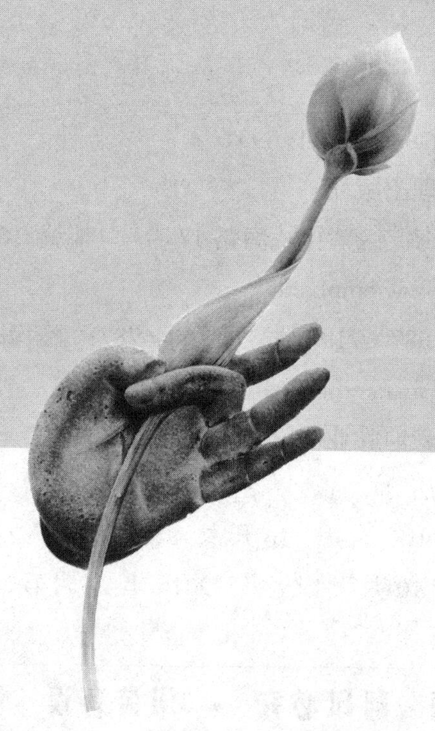

企业管理出版社
ENTERPRISE MANAGEMENT PUBLISHING HOUSE

图书在版编目（CIP）数据

禅修养心 / 李世化编著 . -- 北京 : 企业管理出版社 , 2014.9

ISBN 978-7-5164-0931-2

Ⅰ . ①禅… Ⅱ . ①李… Ⅲ . ①禅宗 - 人生哲学 - 通俗读物 Ⅳ . ① B946.5-49

中国版本图书馆 CIP 数据核字 (2014) 第 206452 号

书　　名：禅修养心
作　　者：李世化
责任编辑：杨苏敏
书　　号：ISBN 978-7-5164-0931-2
出版发行：企业管理出版社
地　　址：北京市海淀区紫竹院南路 17 号　　邮编 :100048
网　　址：http://www.emph.cn
电　　话：总编室 68701719　发行部 68467871　编辑部 68701408
电子邮箱：80147@sina.com　　zbs@emph.cn
印　　刷：天津冠豪恒胜业印刷有限公司
经　　销：新华书店
规　　格：170 × 240 毫米　　16 开本　　17 印张　　220 千字
版　　次：2014 年 10 月第 1 版　　2019 年 11 月第 2 次印刷
定　　价：35.00 元

前言

禅，来自梵语“禅那”，意即打坐顿悟，启迪智慧。释迦牟尼佛灵山法会上，“佛陀拈花，迦叶微笑”，会心会意之间，禅诞生了。千载之后，菩提达摩一苇渡江，北登嵩岳，大乘佛法从此传遍华夏。

六祖慧能说：“菩提本无树，明镜亦非台；本来无一物，何处惹尘埃。”他认为，心本是清净的，谈不上被尘埃污染的问题，只要明心见性，即可顿悟成佛。这种顿悟禅认为，每个人都有佛性，与生俱来，从这个意义上讲，人人都能成佛。

禅，不是让你去敬畏，而是让你拈花微笑，让你去顿悟。顿悟，顾名思义，就是汲取瞬间的领悟，不用整天去什么庄严宝刹参禅礼佛。也许，不经意间的一个动静，便可让你妙悟，参透生命的玄机。

汲取瞬间的领悟，是一个求真的过程，须得放下虚幻。有所贪恋，不会有所领悟，因为一切你贪恋的，便是你烦恼的根源。顿悟，就是要你摆脱羁绳，自由自在地生活，那不是宗教上的意义，而是一种生活的哲学。

汲取瞬间的领悟，悠然地品味流逝的生活，在流逝中体味看似寻常实则不寻常的生活玄思。用不着拉出架势来钻研，钻研是乏味的，而顿悟是美妙的。也许很多事情你很长时间一直看不透想不明白，而瞬间而致的妙悟，醍醐灌顶，原来如此，从此人生一片豁朗。

当然，参禅不一定是为了成佛，禅对普通人的生活也有极大的助益。

禅可以帮助人们开阔心胸、坚定毅力、开发智慧、调和精神、防护疾病、磨炼心地、锻炼理解力和思考力。

懂得了禅，就能够在富时平和、穷时快乐，工作时舒心、休息时放心，就能够生无烦恼，死无畏惧。禅能够给人安定、彻悟、清净、智慧，这些，正是忙乱、疲惫的现代人最需要的东西。

每个人都需要禅，每个人也都能参禅。

禅悟并不难！每个人心中都有禅的种子，只要遇到合适的土壤，这种子就会破土而出，开花结果。参禅顿悟，犹如神来之笔，可以说，它能使你用平常之心书写着不平常的收获。

目录
PREFACE

一、持平常心，参生活禅

二、持感恩心，参慈悲禅

三、持忍让心，参宽容禅

四、持随缘心，参糊涂禅

五、持放下心，参空明禅

六、持舍得心，参清净禅

七、持因果心，参功德禅

八、持幸福心，参快乐禅

一、持平常心，参生活禅

平常之人常有，而平常之心难得。反过来讲，正是因为心难平常，人才变得如此平常。《小窗幽记》中有这样一副对联：“宠辱不惊，看庭前花开花落，去留无意，望天上云卷云舒。”这是禅的境界，也是平常心的体现。

持一颗平常心

《小窗幽记》中有这样一副对联："宠辱不惊，看庭前花开花落；去留无意，望天上云卷云舒。"寥寥几字便足可看出作者的心境：无论何时何地，以平常心泰然处之，任世间起伏变化、我独守一寸心灵的净土，幽然独坐，外物的一切皆不能打扰我的内心。这就是人生入世时的境界，唯有如此方能从入世中的有我之境达到出世时的无我之境。

持一颗平常心，不为虚荣所诱，不为权势所惑，不为金钱所动，不为美色所迷，不为一切的浮华沉沦。

有一个人曾经问慧海禅师："禅师，你可有什么与众不同的地方呀?"

慧海禅师答道："有!"

"那是什么?"这个人问道。

慧海禅师回答："我感觉饿的时候就吃饭，感觉疲倦的时候就睡觉。"

"这算什么与众不同的地方，每个人都是这样的呀，有什么区别呢?"这个人不屑地说。

慧海禅师答道："当然是不一样的了!"

"这有什么不一样的?"这个人问道。

慧海禅师说："他们吃饭的时候总是想着别的事情，不专心吃饭；他们睡觉的时候也总是做梦，睡不安稳。而我吃饭就是吃饭，什么也不想；我睡觉的时候从来不做梦，所以睡得安稳。这就是我与众不同的地方。”

慧海禅师继续说道：“世人很难做到一心一用，他们总是在利害得失中穿梭，囿于浮华的宠辱，产生了‘种种思量’和‘千般妄想’。他们在生命的表层停留不前，这成为他们最大的障碍，他们因此而迷失了自己，丧失了‘平常心’。要知道，生命的意义并不是这样，只有将心融入世界，用平常心去感受生命，才能找到生命的真谛。”

所以在禅宗看来，一个人能明心见性，抛开杂念，将功名利禄看穿，将胜负成败看透，将毁誉得失看破，就能达到时时无碍、处处自在的境界。

拥有一颗平常心，就拥有了一种豁达，一种超然。失败了，转过身揩干痛苦的泪水；成功了，向所有支持者和反对者致以满足的微笑。

其实，无论是比赛还是生活都如同弹琴，弦太紧会断，弦太松弹不出声音；保持平常心才是了悟之本。

现在的人们为了追求所谓幸福的日子，不惜透支健康、付出尊严、出卖人格，到垂暮之时，你会发觉年轻时孜孜以求的东西是那么虚无与缥缈，这时你会对生命产生新的感悟，明白平常心是真谛，是福气。

拥有一颗平常心，才不会浮躁，不会焦灼，不会被欲望填满心灵，更不会让灵魂搁浅在无氧的空间里。拥有一颗平常心就拥有了一种正确的处世原则，一分自我解脱、自我肯定的信心与勇气，不会高估自己，也不会自甘堕落。拥有一颗平常心就不会只追求物质的奢华，而把自己的灵魂淹没在如潮的尘海中。因为更多的时候，生活不是让我们追求外在的繁华，而是求得内心的平静与安宁。

所以说，用一颗平常的心去对待、解析生活，就能领悟生活的真谛，才会体悟平平淡淡才是真!

平常人常有，而平常心却不常有。所以平凡人常有，不凡人却不常有。

平常心是道

宋代一位高僧宗杲禅师曾经做过这样一首诗偈：

劝君不用苦劳神，唤作平常转不亲。
冷淡全然没滋味，一回举起一回新。

宗杲禅师的这首诗偈，里里外外无不透露出一种平常心，这种平常心既是一种生活态度，也是一种处世方法，更是一种寻求心灵平静的方法。“一回举起一回新”，这意思有点像人们常说的“太阳每天都会升起，每天都是新生的”一般，让我们不要太在意每一次的得与失——不要停留在过去的喜悦或者悲哀之中。

在《景德传灯录》中有这样一则公案，说的便是关于平常心的。

从谂禅师问南泉普愿禅师：“什么是道？”
普愿禅师答：“平常心是道。”
从谂禅师又问：“可以趋向于道吗？”
普愿禅师说：“一考虑趋向就错了。”

从谂禅师接着问：“不考虑怎知是道？”

普愿禅师说：“道无所谓知或不知。知是虚妄幻觉，不知则不可断定为善还是为恶。如果真正达到了不疑之道，就像虚空一样的空旷开阔，怎么可以强作评说呢?”

从谂禅师当即便领悟了。

平常心是道，仅仅做到了不贪、不嗔、不喜、不悲是不够的，若我们能将心中那些恶念、那些虚幻的东西，如风吹散云彩一样全部驱散，我们的心灵便不会被外界所困扰，产生这样或那样的奢望与恐惧，才是见到一颗存在于我们本性里的平常心。

事实上，事事平常，事事又不平常。平常心，实不平——平常心并非让我们事事漠不关心、对诸事不闻不问，而应该将其化作一种积极向上的力，犹如拨开云雾看到太阳一般，恃那些不正确的心态化为积极向前的驱动力——在危险面前，平常心就是勇敢；在利诱面前，平常心就是纯洁；在纷乱复杂的环境面前，平常心就是保持清醒智慧；在紧要的关头，平常心就是沉着地分析与应对；在荣誉面前，平常心就是谦虚；在诋毁面前，平常心就是自信……

相反，如果人们一旦失去了这颗平常心，则会怨天尤人、自暴自弃——对于别人的成功常常认为是“小人得志”；对于自己的不得志，却总认为自己是生不逢时。

平常心藏于每个人的本性之中，只是一些人的平常心被心中的“迷雾”所遮挡，无法见“光”而已；那些能够积极、快意生活的人，总能将这颗本性中的平常心挖掘出来，认真体会好好感悟，故而他们无忧无虑。

以平常心观不平常事，则事事平常。平常心并非“四大皆空”，平常心更不是消极遁世；平常心是一种境界、一种积极人生。平常心是道，是一种不以物喜、不以己忧，无时不乐、无时无忧的道。

心定则事定

我国古代大文豪苏东坡一向认为自己的定力很高，很是得意，他写了一道诗偈，说：

稽首天中天，毫光照大千。

八风吹不动，端坐紫金莲。

苏东坡自夸一番，然后派仆人划船过江，送给佛印和尚欣赏。不料，佛印接过一看，立即把诗偈掷地，还骂了一句："狗屁不通!"

仆人回去跟苏东坡一说，苏东坡气得直吹胡子，马上过江来找佛印评理。

苏东坡来到佛印住地，老远就嚷道："佛印，刚才我派人送诗偈请教，若有不妥之处，只管明白开示，何故出言不逊，说我狗屁不通呢?"

佛印笑着问他："你不是说'八风吹不动'吗?为何我只放了一个屁，你就坐不住了，急着过江来找我算账呢?"

苏东坡一听，这才恍然大悟，心想："我自视定力不错，故言八风吹不动，端坐紫金莲。哪知让这和尚轻轻一扇，自己就沉不住气了，我的定力何在呢?"苏东坡忍不住笑了，只好打趣自嘲："只说八风吹不动，谁知一屁过江来……"

留意你身边的人和事，许多时候你会发现，有些人真可谓是机关算尽太聪明，凭着那么聪明的头脑，干一番惊天动地的大事业绝对是游刃有余。然而，他们并没有像我们想像的那样，事业有成，反而总是在生活中屡屡受挫，最后空负了一身才华。原因何在？心无定力。

利特尔公司是世界上著名的科技咨询公司。它的前身是其创始人利特尔1886年建立的一个小小的化学实验室，创立最初鲜为人知，丝毫也不引人注目。

1921年的一天，在许多企业家参加的一次集会上，一位大亨高谈阔论，否定科学的作用。而一向崇拜科学的利特尔带着轻蔑的微笑，平静地向这位大亨解释科学对企业生产的重要作用。

这位大亨听后，不屑一顾，还嘲讽了利特尔一番，最后他挑衅地说："我的钱太多了，现有的钱袋已经不够用了，想找猪耳朵做的丝钱袋来装。或许你的科学能帮个忙，如果做成这样的钱袋，大家都会把你当科学家的。"说完，哈哈大笑。聪明的利特尔怎么会听不出大亨的弦外之音呢?他气得嘴唇直抖，但还是抑制住自己，非常谦虚地说："谢谢你的指点。"因为利特尔感到这是一个千载难逢的大好机会。其后的一段时间里，市场上的猪耳朵被利特尔公司暗中收购一空。购回的猪耳朵被利特尔公司的化学家分解成胶质和纤维组织，然后又把这些物质制成可纺纤维，再纺成丝线，并染上各种美丽颜色，最后编织成五光十色的丝钱袋。这种钱袋投放市场后，顿时被一抢而空。

"用猪耳朵制丝钱袋"，这个荒诞不经的恶意挑衅被粉碎了。那些不相信科学是企业的翅膀，从而也看不起利特尔的人，不得不对利特尔刮目相看。

利特尔公司因此名声大振。面对挑衅，利特尔忍受轻蔑，"虚心"接受指点；不大吵大闹、争执强辩，也不义正词严地加以驳斥，他不露声色，暗中准备，将猪耳朵制成丝钱袋，从而一举成名。

利特尔的成功告诉我们一个不争的事实：一个人的成功不仅仅需要智慧，而且需要定力，假如激烈的反驳和争论可以解决问题，那么，这个世界也就无需我们用实际行动来证明什么了。但是，生活的禅机告诉我们事实才是证明一切的最终衡量尺度。所以，我们长了一张嘴，却长了两只眼睛，两只手。

与人做毫无意义的争论，甚至是气急败坏的争吵于你无益，更显出你的浮浅与无知。那些得道的禅师任何时候都不会与人做毫无意义的争论。而且，他们总能以自己的禅智点化那些无知的人们。即使他们所面临的是生死大限也不会面露惧色。那份从容、那种决定是经过了生活的磨炼和对人生的深刻领悟所获得的。

我们都需要被放置在生活的风刀雨剑下打磨。从一个不成熟的人向成熟的人转变。走过人生的每一次风雨都应该有所收获，即使达不到禅师们的那种高深的禅境，也应该让自己有一些定力。心定才能事定，否则，你只能白白枉费这一生的好时光。

无定力就无成功可言，任何时候都能保持头脑清醒冷静，是一切胜利的先决条件。

任心清净

有一位虔诚的佛教信徒，每天都从自家的花园里，采撷鲜花到寺院供佛。

一天，当她正送花到佛殿时，碰巧遇到无德禅师从法堂出来，无德禅师非常欣喜地说道："你每天都这么虔诚地以香花供佛，来世当得庄严相貌的福报。"

信徒非常欢喜地回答道："这是应该的，我每天来寺礼佛时，自觉心灵就像洗涤过似的清凉，但回到家中，心就烦乱了。我这样一个家庭主妇，如何在喧嚣的城市中保持一颗清净的心呢?"

无德禅师反问道："你以鲜花献佛，相信你对花草总有一些常识，我现在问你，你如何保持花朵的新鲜呢?"

信徒答道："保持花朵新鲜的方法，莫过于每天换水，并且在换水时把花梗剪去一截；因为花梗的一端在水里容易腐烂，腐烂之后，水分就不易吸收，就容易凋谢!"

无德禅师道："保持一颗清净的心，其道理也是一样。我们生活的环境像瓶里的水，我们就是花，唯有不停净化我们的身心，并且不断地忏悔、检讨，改进陋习、缺点，才能不断吸收到大自然的食粮。"

信徒听后，欢喜地作礼，并且感激地说："谢谢禅师的开示，希望以

后有机会亲近禅师，过一段寺院中禅者的生活，享受晨钟暮鼓、菩提梵唱的宁静。”

无德禅师道：“你的呼吸便是梵唱，脉搏跳动就是钟鼓，身体便是庙宇，两耳就是菩提，无处不是宁静，又何必等机会到寺院中生活呢?”

是啊，热闹场中亦可作道场；只要自己丢下妄缘，抛开杂念，哪里不可宁静呢?如果妄念不除，即使住在深山古寺，一样无法修行。

正如六祖慧能所说：不是风动、不是幡动，是人者心动。心才是无法宁静的本源。

有一位青年，因为受了一些挫折变得非常忧郁、消沉。有一次他去海边散步，碰巧遇到以前的一位朋友，这位先生正好是一位心理医生。

于是青年就向这位医生朋友诉说他在生活、社会及爱情中所遭受的种种烦恼，希望朋友能帮他解脱痛苦，斩断生命的烦恼。

安静沉默的医生朋友，似乎没听这位青年的诉说，因为他的眼睛总是眺望着远方的大海，等到青年停止了说话，他自言自语地说：“这帆船遇到满帆的风，行走得好快呀!”

青年就转过头看海，看到一艘帆船正乘风破浪前进，但随即又转回去了。他以为医生朋友并没有听懂他的意思，于是就加重语气诉说自己的种种痛苦，生活中的烦恼、爱情的坎坷、社会的弊病、人类的前途等等问题已经纠结得快要让他发狂了。

医生朋友好像在听，又好像不在听，依然眺望着海中的帆船，自言自语地说：“你还是想想办法，停止那艘行走的帆船吧!”

说完，就转身离去了。

青年感到非常茫然，他的问题没有得到任何解答，只好回家了。过了几天，他主动去找那位医生朋友了。一进门他就躺在地上，两脚竖起，用左脚脚趾扯开右脚的裤管，形状正像一艘满风的帆船。

医生朋友有点惊讶，接着就会心地笑了，随手打开阳台上的窗户，望着远处的山对青年说：“你能让那座山行走吗?”

青年没有答话，站起来在室内走了三四步，然后坐下来，向医生朋友道谢，说完就离开了；走时神采奕奕，好像对生活充满了希望，不见了当初的消沉、颓废。

医生朋友事实上并未回答青年的问题，青年自己找到了答案。医生朋友的话让青年明白了，解决生活乃至生命的苦恼，并不在苦恼的本身，而是要有一个开阔的心灵世界；人们只有止息心的纷扰，才不会被外在的苦恼所困扼，因此要解脱烦恼，就在于自我意念的清净，正如在满风时使帆船停止。

在生活中，我们每个人都像那被情感、家庭、社会所缠绕的青年一样，找不到安心的所在；唯有像佛祖一样讲觉悟，好好地在自己的身上下功夫，从内心的观照里，去改正自己的一言一行，才不至于觉得无休止的劳苦。

外在的纠葛、攫取太多，心就没有办法安宁，更无法净化；人对外在无限制地索取，常常是以支付心灵的尊严为代价的。我们应该抬起头来，看看屋外的松林，听听松涛的呼唤，眺望远处的大海以及满风的帆船，我们的心中会有对生命新的转移与看待。

每天让自己沉静几分钟，不要随着外在事物流转而变动，不要放弃洗涤自己、净化自己。把心放在可以安定的位置，任凭风浪起，稳坐钓鱼台！

你且静看那莲花初绽，出于淤泥，却依旧心净气洁，不染尘丝。你心比莲心，自是莲心更比人心净。

常行一直心

六祖慧能在《坛经》中曾经提到过“常行一直心”，禅宗运用此语意为指导人们学会常用一种没有是非、区别的心去对待诸事诸物，那样便不会因“大事”的到来而提心吊胆、惴惴不安了。

皎然禅师对此深有感悟，这点感悟来自于他所作的诗偈《山居示灵澈上人》——

晴明路出山初暖，行踏春芜看茗归。
乍削柳枝聊代札，时窥云影学裁衣。
身闲始觉隳名是，新寮方知苦行非。
外物寂中谁似我，松声草色共无机。

偈中的“芜”，意为丛生的草；“茗”，是茶的通称；“隳名”，指隐姓埋名；“苦行”，则为宗教徒修行的一种方法；“外物”，谓超脱于物欲之外；“无机”，无机巧之心。

此偈实写作者对春天的感受，但文中却处处流露着清静寂定的禅机。这种清净寂定的心态，完全来源于惠能禅师所提到的“一直心”。

生活中，人们总是不能摆脱这样或那样事情的束缚，因此面对众多的突如其来的“大事”、“烦心事”，大多数人不但不知该如何应对，有时还会背上沉重的心理负担，这样对身体和心理健康都是不利的。

适时地放松心态，从容地看待那些“大事”，用一颗做“小事”的心态去面对处理，不但我们的身心会得到放松，“大事”同样会变为“小菜一碟儿”。

我国著名保健专家洪昭光教授是一位掌握了多门学科理论的医学家。他对健康人生有着深刻的见解。他认为：人表面看起来，高矮差不多，胖瘦也差不多，其实人和人有天壤之别。比如说人生吧，风风雨雨，每个人都会遇到生气着急不痛快的事儿，但是结果各异，原因也在于能否做到“一直心”。

洪昭光教授的病人中有这么一个60多岁的老头儿，大半辈子身体硬朗、没病没灾的。但是有一天他家遇到事儿了：他大儿子骑自行车从胡同里出去一拐弯，正好与对面开来的一辆大卡车相撞，把脖子撞断了，高位截瘫。他到医院时儿子正抢救：身上插着七八根管子，从鼻子一直到尿管，还有胳膊上、腿上到处都是。

老人这下犯了愁：他儿子才25岁，正准备结婚，医生告诉他儿子将高位截瘫，今后大便小便都成问题，别说结婚、工作不成了，就连生活以后一辈子都得要人伺候。医药费三天一万块钱，今后一辈子怎么办呢？

老头儿从医院回去之后就挺不住了，没过几天就吃不下饭，水都喝不下了。后来到医院拍了个片，查出是食道癌，喉管都堵死了。结果在开刀后发现胃里还有两个癌瘤。三个月前还很健康，压力一来就忧虑，三个月内两个部位三个癌，手术以后还是忧心忡忡，结果比儿子死得还早。对他来说压力造成了癌症

事实上，大部分人的身体机能都是大同小异的，有很多情况下人们得病关键还在于“心”——有的人遇到点事儿就受不了、生闷气、干着急，那病准找上他；有的人遇到“大事”依然乐观处之，这样的人即便有病也不会

病到哪去，甚至还会有医学奇迹发生。

人的经历不同，承受能力不同，面对压力的处置方式也不同。倘若能够深刻领悟六祖慧能的“一直心”，就会排解许多的心理压力，活得比别人轻快开心很多。

“一直心”的智慧，不仅仅表现在人们面对重大压力时，在更多的时候表现在得失观上，如果我们能够保持一种冷眼观得失的心境，那便真正做到了“常行一直心”。

《孔子家语》里记载：有一天楚王出游，遗失了他的弓，下面的人要找，楚王说：“不必了，我掉的弓，我的人民会捡到，反正都是楚国人得到，又何必去找呢?”孔子听到这件事，感慨地说：“可惜楚王的心还是不够大啊!为什么不讲人掉了弓，自然有人捡得，又何必计较是不是楚国人呢?”

“人遗弓，人得之”应该是对得失最豁达的看法了。就常情而言，人们在得到一些利益的时候，大都喜不自胜，得意之色溢于言表；而在失去一些利益的时候，自然会沮丧懊恼，心中愤愤不平，失意之色流露于外。但是对于那些志趣高雅的人来说，他们在生活中能“不以物喜，不以己悲”，并不把个人的得失记在心上。他们面对得失心平气和、冷静以待。

当我们在得与失之间徘徊的时候，只要还有抉择的权利，那么，我们就应当“常行一直心”，以一种平常心的心境去思考得失、去衡量利弊，心里便不会再产生那么多的苦恼与惆怅了。

“一直心”的智慧告诫我们，对待万事万物应该抱有一颗“不以物喜，不以己悲”的平常心。运用这颗平常心去观察、去做事，便能缓解心中的压力、抚平患得患失的大喜与大悲。

放慢生命的脚步

我们一生劳碌奔波，却总忘记要找个地方定居下来停一停，到最后骑驴也会被驴踢。

日休禅师曾经说过：“人生只有三天，活在昨天的人迷惑，活在明天的人等待，只有活在今天最踏实。”但是他又告诫人们：“今天，你别走得太快，否则，将会错过一路的好风景!”

现代人看起来实在太忙了，许多人在这忙碌的世界上过活，手脚不停，一刻不得空闲，生命一直往前赶；他们没有时间停一停，看一看，结果，使这原本丰富美丽的世界变得空无一物，只剩下分秒的匆忙、紧张和一生的奔波、劳累。

一天，一位年轻有为的总裁，以比较快的车速，开着他新买的车经过住宅区的巷道。他时刻小心在路边游戏的孩子会突然跑到路中央，所以当他觉得小孩子快跑出来时，就要减慢车速，以免撞人。

就在他的车经过一群小朋友身边的时候，一个小朋友丢了一块砖头打到了他的车门，他很生气地踩了刹车后并退到砖头丢出来的地方。他跳出车，用力地抓住那个丢砖头的小孩，并把他顶在车门上说：“你为什么这样做，你知道你刚刚做了什么吗?真是个可恶的家伙!”接着又吼道：“你知不知道你要赔多少钱来修理这辆新车，你到底为什么要这样做?”

小孩子央求着说：“先生，对不起，我不知道我还能怎么办?我砖块是因为没有人肯把车子停下来。”他边说边流下了眼泪。

他接着说：“因为我哥哥从轮椅上掉了下来，我一个人没有办法把他抬回去。您可以帮我把他抬回去吗?他受伤了，而且他太重了我抱不动。”

这些话让这位年轻有为的总裁深受触动，他抱起男孩受伤的哥哥，帮他坐回轮椅。并拿出手帕擦拭他哥哥的伤口，以确定他哥哥没有什么大问题。

那个小男孩万分感激地说：“谢谢您，先生，上帝会保佑您的!”

年轻的总裁慢慢地、慢慢地走回车上，他决定不修它了。他要让那个凹坑时时提醒自己：“不要等周遭的人丢砖块过来了，才注意到生命的脚步已走得太快。”

当生命想与你的心灵窃窃私语时，若你没有时间，你应该有两种选择：倾听你心灵的声音或让砖头来砸你、提醒你!

有一位老人，年轻的时候汲汲营营，每天都工作超时，拼命地赚钱。

节假日，同事们带孩子度假，他却到小贩朋友的店铺帮忙，以赚取额外收入。原本计划在还完房屋贷款后，便带孩子们到临近的泰国玩玩。可是，三个孩子慢慢长大，学费、生活费也越来越高。于是他更不敢随意花钱，便搁下游玩一事。

大儿子大学毕业典礼后一个星期，夫妻俩打算到日本去探亲。可是，在起程前两天的早晨，醒来时，他突然发现枕边的老伴心脏病发作，一命归天了。

这是怎样的遗憾?你是否也因为生活太快、太忙碌而忽略了你所爱的人呢?

其实，人不是赛场上的马，只懂得带着眼罩拼命往前跑，除了终点的白线之外，什么都看不见。我们不必把每天的时间都安排得紧紧的，应该留下空闲来欣赏四周的风景，来关心身边的人。

适可而止，见好就收

佛教讲“法不孤起，仗境方生”。因为“缘起”，因此人生有无限的机会、无限的力量、无限的潜能、无限的意义。可以说，人生就是一个“无限”。但是，我们也不能因为无限，就毫无顾忌，妄肆而为。有的时候，更应该有个“适可而止”的人生。强开的花难美，早熟的果难甜，天地的节气岁令，总有个时序轮换。悬崖要勒马，尸祝不代庖，举凡吾人的行事，也要有个分寸拿捏。《宝王三昧论》也说：“于人不求顺适，人顺适则心必自矜。见利不求沾分，利沾分则痴心亦动。”“适可而止”的人生，实在可以作为座右铭的参考。

在生活悲欢离合、喜怒哀乐的起承转合过程中，人应随时随地、恰如其分地选择适合自己的位置。中国人说：“贵在时中”时就是随时，中就是中和，所谓时中，就是顺时而变，恰到好处。正如孟子所说的：“可以仕则仕，可以止则止，可以久则久，可以速则速。”鉴于人的情感和欲望常常盲目变化的特点，讲究时中，就是要注意适可而止，见好就收。一个人是否成熟的标志之一是看他会不会退而求其次。退而求其次并不是懦弱畏难。当人生进程的某一方面遇到难以逾越的阻碍时，善于权变通达，心情愉快地选择一个更适合自己的目标去追求，这事实上也是一种进取，是一种更踏实可行

的以退为进。古人说：“力能则进，否则退，量力而行。”自不量力是做人的大敌。当一个人在一种境地中感到力不从心的时候，退一步反而海阔天空。

一个聪明的女人懂得适度地打扮自己，一个成熟的男子知道恰当地表现自己。美酒饮到微醉处，好花看到半开时。明人许相卿说：“富贵怕见花开”此语殊有意味。言已开则谢，适可喜正可惧。做人要有一种自惕惕人的心情，得意时莫忘回头，着手处当留余步。此所谓“知足常足，终身不辱，知止常止，终身不耻。”宋人李若拙因仕海沉浮，作《五知先生传》，谓做人当知时、知难、知命、知退、知足，时人以为智见，反其道而行，结果必适得其反。

君子好名，小人爱利，人一旦为名利驱使，往往身不由己，只知进，不知退。尤其在中国古代的政治生活中，不懂得适可而止，见好便收，无疑是临渊纵马。中国的君王，大多数可与同患，难与处安。所以做臣下的在大名之下，往往难以久居。故老子早就有言在先：“功名，名遂，身退。”范蠡乘舟浮海，得以终身；文种不听劝告，饮剑自尽。此二人，足以令中国历史臣宦者为戒。不过，人的不幸往往就是“不识庐山真面目”。

任何人不可能一生总是春风得意，人生最风光、最美妙的往往是最短暂的。俗言道：“花无百日红，人无千日好。”就像搓牌一样，一个人不能总是得手，一副好牌之后往往就是坏牌的开始。所以，见好就收便是最大的赢家。世故如此，人情也是一样。与人相交，不论是同性知己还是异性朋友，都要有适可而止的心境。君子之交淡如水，既可避免势尽人疏、利尽人散的结局，同时友谊也只有在平淡中方能见出真情。越是形影不离的朋友越容易反目为仇。因此，古人告诫说：“受恩深处宜先退，得意浓时便可休。”即使是恩爱夫妻，天长日久的耳鬓厮磨，也会有爱老情衰的一天。北宋词人秦少游所谓“两情若是久长时，又岂在朝朝暮暮”，这不只是劳燕两地的分居夫妻之心理安慰，更应为终日厮守的男女情侣之醒世忠告。

高僧下山游说佛法，在一家店铺里看到一尊释迦牟尼像，青铜所铸，形体逼真，神态安然，高僧大悦。若能带回寺里，开启其佛光，济世供奉，真乃一件幸事，可店铺老板要价5000元，分文不能少，加上见高僧如此钟爱它，更加咬定原价不放。

高僧回到寺里对众僧谈起此事，众僧很着急，问高僧打算以多少钱买下它。高僧说："500元足矣。"众僧唏嘘不止："那怎么可能？"高僧说："天理犹存，当有办法，万丈红尘，芸芸众生，欲壑难填，得不偿失啊，我高僧慈悲，普度众生，当让他仅仅赚到这500元！"

"怎样普度他呢？"众僧不解地问。

"让他忏悔。"高僧笑答。众僧更不解了。高僧说："只管按我的吩咐去做就行了。"

第一个弟子下山去店铺里和老板砍价，弟子咬定4500元，未果回山。

第二天，第二个弟子下山去和老板砍价，咬定4000元不放，亦未果回山。

就这样，直到最后一个弟子在第九天下山时所给的价已经低到了200元。眼见着一个个买主一天天离去、一个比一个价给得低，老板很是着急，每一天他都后悔不如以前一天的价格卖给前一个人了，他深深地怨责自己太贪。到第十天时，他在心里说，今天若再有人来，无论给多少钱我也要立即出手。

第十天，高僧亲自下山，说要出500元买下它，老板高兴得不得了——竟然反弹到了500元！当即出手，高兴之余另赠佛龛台一具。高僧得到了那尊铜像，谢绝了龛台，单掌作揖笑曰："欲望无边，凡事有度，一切适可而止啊！善哉，善哉……"

适可而止，见好便收，是历代智者的忠告，更是一门处世的艺术。

世事如浮云，瞬息万变。不过，世事的变化并非无章可循，而是穷极则返，循环往复。人生变故，犹如环流，事盛则衰，物极必反。生活既然如此，做人处世就应处处讲究恰当的分寸。过犹不及，不及是大错，太过是大

恶，恰到好处的是不偏不倚的中和。基于这种认识，中国人在这方面表现出高超的处世艺术。中国人常说："做人不要做绝，说话不要说尽。"廉颇做人太绝，不得不肉袒负荆，登门向蔺相如谢罪。郑伯说话太尽，无奈何掘地及泉，隧而见母。故俗言道："凡事留一线，日后好见面。"凡事都能留有余地，方可避免走向极端。特别在权衡进退得失的时候，务必注意适可而止，尽量做到见好便收。

“退”之“进”道

五祖弘忍大师很懂得进退之道，在《坛经》里记载着，五祖弘忍大师自从发现六祖惠能的慧根之后，就一直在暗地里传授佛法给他，后来又偷偷地传衣钵给他。

有人可能会很不了解这件事情，其实事情很简单，如同《坛经》上说的“衣为争端”，弘忍大师生怕六祖因此而遭受劫难，所以告诫惠能：“汝须速去，恐人害汝。”然而，值得一提的是，传衣钵的事情本来是很光明正大的，为什么五祖弘忍大师却要做得如此神秘，还要六祖在拿到衣钵之后赶紧逃跑呢？

其实并非弘忍大师怕事，而是他采取了一种“以退为进”的策略，较之鲁莽行事尤胜一筹，才使得禅宗得以在六祖惠能手中发扬光大。

进退之道本该如此——以退为进，不退焉有进。五代时期著名的禅师布袋和尚曾做过一首诗偈，将进退的关系表现得淋漓尽致——

手把青秧插满田，低头便见水中天。
心地清净方为道，退步原来是向前。

此偈中说的不论是“低头”，还是“退步”，都非常符合水田插秧的实际，又皆契合人生的禅悟之道。

要知道，人若在平视时，目光或为树障，或为山遮，难得及远，而“低头”插秧时，眼为之明，心为之静，而插秧之倒着走有如“退步”，实际上却是一种向前。

龙虎寺的住持无德禅师，请人来为龙虎寺画一幅壁画，要求这幅壁画须以龙虎为主题。

当壁画草拟的时候，僧人都感觉壁画不太理想，但是又说不出所以然。无德禅师看罢之后，指点道：“壁画中的龙前探身躯，而虎则是高昂虎头，威风确实威风，不过却缺少了摄人心魄的力度。为什么呢？因为龙要攻击的时候，先要弯曲自己的脖子积蓄能量；而虎要攻击之前，都是弓起脊背才能发动致命一击。”大家都为无德禅师的评论所叹服。

无德禅师把话锋一转，接着说道：“其实修道的道理也是一样的，只有先把自己的欲望收缩回来，把自己的身份放低，才会真正产生前进的动力。如果人不能韬光养晦，那么是绝对不能成功的。”

把自己的身份放到最低，反而越能得到别人的敬重。古代智者指出的这个奥妙，不知今天还会有多少人能够领悟？

现实生活中，人们总是采取一种宁折勿弯的做法，一味地承受工作和生活带给他们的种种压力和烦恼，却不能用一种很有效的方法将之化解掉。若是那样，人生也只是活在无限的迷茫和痛苦之中。

曾经有一篇文章《山谷中的谜底》揭示了这种现象：加拿大的魁北克有一条南北走向的山谷。山谷中没有什么特别之处，唯一能引人注意的是，它的西坡长满松、柏、女贞等，而东坡却只有雪松。

这一奇异现象的形成是个谜，许多人都不能明白其中的原因所以被称为“山谷中的谜”。然而无意间揭开这个谜的，竟是一对普通夫妇。

那是1993年的一个冬天，这对婚姻正濒于破裂边缘的夫妻为了重新找回昔日的爱情，打算做一次浪漫之旅，如果能找回就继续一起生活，如果不能就以这次旅行作为最后的回忆。他们来到这个山谷的时候，天下起了大雪。他们支起帐篷望着满天飞舞的大雪，欣赏山谷中美丽的雪景。后来他们发现由于特殊的风向，山谷东坡的雪总比西坡的雪来得厚来得急。不一会儿，雪松上就落了厚厚的一层雪。随着雪越积越多雪松那富有弹性的枝丫就随着雪的重量向下弯曲，直到雪攒到一定的重量从枝上滑落。雪松依然抖擞精神迎接下一次大雪的堆积。这样一曲一折之间大雪没能耐何雪松。可其他的树却没有雪松这种本领，树枝就被积雪很轻易地压断从而导致树木的死亡。

帐篷中的妻子发现了这一景观，对丈夫说："东坡肯定也长过杂树，只是不会弯曲才被大雪摧毁了。"丈夫点头称是。少顷，两人像突然明白了什么似的，相互吻着拥抱在一起。

丈夫兴奋地说："我们揭开了一个谜——对于外界的压力要尽可能地去承受，在承受不了的时候，要学会弯曲一下，像雪松一样让一步，这样就不会被压垮了。"

过大的压力会把一个人压垮，如果人们能学会这种"弹性"将压力化解，便能拥有像雪松一样抖擞精神迎接更猛烈的风雪而屹立不倒了。

行军打仗一味向前虽然勇气可嘉，然而却未必能够打胜仗。解放战争时期，四渡赤水就是一种进退之道的经典胜利，也是我们人生值得学习和借鉴的智慧。因此，慧者都不以一时的进退观成败，而是以一颗平常心化解掉内心的压力，采取以退为进的人生智慧实现人生。

在一定条件下，窄就是宽，低就是高，退就是进。掌握了这一点，就能使得心灵及其行为达到更高层次的自由。

在金钱面前保持清醒

有位高僧在云游四方时无意间拣到一块宝石，就顺手扔入背袋中。

有一天，高僧遇见一个疲惫不堪的人，高僧就和这人分享他所有的食物。这时，这个人发现了高僧袋子中的宝石，非常惊讶。高僧就毫不犹豫地把宝石给了他，他兴高采烈地走了。

不久，那人又跑了回来，恭恭敬敬地把宝石还给高僧，说："我不要宝石了，我想要那比宝石更珍贵的东西。是什么原因使你愿意把这么贵重的宝石送给我?请告诉我。"

一个愿意以宝石赠人的人具有比宝石更珍贵的心，他已超越了金钱的束缚，成为脱俗之人。许多人在贫穷的时候也许对金钱的概念并不是很清晰。然而，当他的金钱越聚越多时，心灵也就很容易扭曲，那种有钱人的姿态会随着腰包的膨胀而逐渐凸显。这种人外表看来光鲜夺目，事实上已经成为金钱的牺牲品，心灵原有的色泽已被金钱掩盖、腐蚀。所以，他们的最终结局只会是被贪欲所累，悔恨难当。

几年前，曾有这样一位极度自负且贪心的职业高尔夫球选手，当时他已很有名气，可他却偏偏因为贪心而拒绝参加很多小型的赛事。原因很简单，就是嫌弃那种赛事提供的报酬有限。与此相比，他更热衷于出席一些带有表演性质的比赛，因为那样既省去了很多的力气，收入也相当可观。久而久之，人们知道了他的喜好，自然也就不再去关注他。

可是某一天，却有一个戴着墨镜、手拿高尔夫球杆的人找到了他。来者说他愿意出每个洞100美金的价钱来跟他赌一场，并说自己一定能够战胜他。他当然不傻，因为来者是一个盲人，所以他表示拒绝这场赌局。

然而那个人始终坚持要和他赛一场，并且反复强调自己一定能赢。

贪心使他终于接受了盲人的邀请，并一再提醒对方必须真的遵守每个洞100美金的规定来比赛。当他心急火燎地问那个盲人什么时候开始比赛时，对方的回答简单干脆："我无所谓，就由你来选择吧，随便哪个晚上都可以。"

一句"随便哪个晚上都可以"，让所有看到这个故事的人都不禁哑然失笑，笑那个盲人所拥有的一份智慧，更笑那个高尔夫球选手终于因为自己的贪欲而受到了愚弄和惩罚。

在犹太人中间流传着这样一个故事：

一天，一个拥有着巨额钱财的守财奴去他的拉比那里乞求祝福。拉比先让他站在窗前，透过玻璃去看外面的街道，然后问他到底看到了什么，守财奴回答说："看到了满街的人。"

接着拉比又把他带到了一面镜子前，问他又看到了什么，守财奴回答说："只看到了我自己。"

于是，拉比对这个守财奴说："窗户和镜子，它们都是用玻璃做的，只不过在镜子的上面又多镀了一层银。所以玻璃让我们看到了别人，而镜子则因为多了这层银所以就只能让我们看到自己了。"

这是一个多么简单的道理，只可惜能够真正懂得这个道理的人却少之又少。人一旦掉入了金钱的陷阱，那么即便有再简单明了的道理和再多的智慧，也很难再去拯救自己了。

所以，世人应时刻保持一份对自己和对金钱的清醒，不要让金钱腐蚀了自己的心灵，尽管你无须成为佛家的一分子，成为一个出世之人，但能够保持一种心灵的澄澈终归是好的。

生活求俭

让自己优于别人，在地位上和物质上令人羡慕是大多数人追求的目标。也许正源于此，使得许多人难以安于现状，安于平淡，安于简单生活，甚至因此而使他们失去了低调做人的本色。然而，他们并未注意到在追求生活表面的高层次时，就极容易让精神的追求趋于麻木、低俗。而人生的价值却正是精神的充实和满足。

所以，不少人对生活有一些过高的期望：拥有宽敞豪华的寓所、争取更高的社会地位、买高档商品、跟上流行的大潮，永不落伍，等等，都并非人生价值的真正体现。所以，佛教主张人们节俭以修身，不无道理。

乌达雅纳王妃夏马伐蒂向阿难陀供奉五百件衣服，阿难陀欣然接受了。

乌达雅纳王听说后，他怀疑阿难陀可能是出自贪心才接受了这些衣服。于是他探望了阿难陀，对阿难陀说：“尊敬的法师，你为什么一下子接受五百件衣服呢?”

阿难陀回答说：“大王，有许多比丘都穿着破衣服，我准备把这些衣服分给他们。”

“那么，破旧的衣服做什么用呢?”

“破旧的衣服做床单用。”

“旧床单呢?”

“做枕头套。”

“旧枕头套呢?”

“做床垫。”

“旧床垫呢?”

“做擦脚布。”

“旧擦脚布呢?”

“做抹布。”

“旧抹布呢?”

“大王，我们把旧抹布撕碎了混在泥土中，盖房子时抹在墙上。”

可见，阿难陀并非贪心，而是一个节俭的好榜样。无论是佛是人，节俭都是一种美德，是一种低调，不彰显。

若论富翁，台湾首富王永庆可以算做一个大人物了，即使在世界企业家行列中，“王永庆”这三个字听起来也是如雷贯耳。王永庆不仅是台湾最大的集团——台塑企业集团的董事长，也是台湾工业界的领袖，更是世界闻名的富豪。据美国一家杂志20世纪80年代末期编制的世界超级富豪排行榜，王永庆名列第十六位。

然而，就是这么一个拥有数十亿美元资产的超级富翁，做人却并不张扬，个人生活也节俭到了令人难以置信的程度。在家中，他每天坚持做毛巾操，所用的那条毛巾竟用了20多年，直到实在无法使用为止。家里用的肥皂，即使剩下一小片，也不会轻易丢掉，而是将其粘附在大肥皂上，力求用尽其剩余价值。

王永庆的这种作风，在公司里也同样保持着。除非有应酬，他一般在公司里吃午餐。他也不搞特殊化，吃的是和一般部门主管一样的盒饭。边吃边听汇报，检查工作。他招待客人，并不是到豪华大饭店里去大摆宴席，而是在各分公司设立的招待所里设便饭。

大企业里的高级管理人员一般都配有轿车，但台塑企业集团出于节约

的考虑，不但处长级没有配备轿车，就连经理级也没有专车。一旦发现下属有铺张浪费行为，王永庆的处罚是相当严厉的。一次，有几名部门主管因公请了3位客人吃饭，花掉了两万元新台币。王永庆知道这件事后，不但把几位主管狠狠地教训了一顿，还对他们处以重罚。

像王永庆这样的超级富豪，一掷千金对他来说根本就不算什么。但他却能不求奢华，保持常人姿态，这可能是王永庆之所以走向成功的重要原因。

虽然王永庆生活上节俭，但他绝对不是一个守财奴。他创立的长庚医院，收费标准大大低于其他医院。他多次捐款给社会福利和公共事业，而且出手阔绰，毫不吝惜。他曾经一次捐给一家医院2.5亿新台币，用于医院的扩建改造。

王永庆的所作所为不失为一种低调做人的姿态。

佛教说，人的一生就是受苦的过程。我们不能要求每个人都来信奉这个观点，但是，你要谋求发展，就要处处小心谨慎，低调做人，把吃苦受累看做是很平常的事，这才是一种稳健的心态。

一切物品因缘而来，惜物就应惜缘。

二、持感恩心，参慈悲禅

佛家弟子常念："我佛慈悲。"常怀悲悯之心则恶念不生，人便活得踏实、平和，人才有感恩心。善与恶、爱与仇，在人心里此消彼长，你必须谨慎把持，以使佛心常驻。

施予是真正的慈善

佛说：如果真心帮助，不挟带任何杂念的布施，就是真布施；不怕将来没有回报的布施，就是真布施；不对受施人存任何轻视之心的布施，就是真布施。

这里有一个施善得报的故事。

有一次，佛托着钵出来化缘，遇到两个小孩在路上玩沙子。他们看见佛，就站起来非常恭敬地行礼，其中一个孩子抓起一把沙子放在佛的钵盂里，说："我用这个供养你！"

佛说："善哉!善哉!"

另外一个孩子也抓起一把沙子放在佛的钵盂里。佛就预言，若干年后，一个是英明的帝王，一个是贤明的宰相。

百年后，一个孩子当了国王，就是历史上有名的阿育王；另一个就是他的宰相。在典籍中，关于阿育王的史实与传说很多。比如，他曾经打败东征的亚历山大；他建的一座寺曾经飞到中国来，就是浙江宁波的阿育王寺。

阿育王的一把沙子就得到了这么大的回报，很多人向寺庙里捐金捐银，什么好处也没见到。原因无他，越有所求越得不到。

这不仅是佛法，也是做人的道理！

什么是真正的慈善?佛祖讲得很清楚，一是出于至诚；二是不求回报；三是不轻毁人家。

前面两条好理解，不轻毁人家是什么意思呢?

“轻”是轻视。因为自己处于“施主”的地位，心里难免有几分优越感，在语言神态上就可能表现出看轻对方之意。比如那个“不受嗟来之食”的典故中，有钱人搭一个棚子，好心给饥民施粥，这是件功德事，说话却不客气，看见来了个人，就说：“喂，来吃吧!”谁知那个人有骨气，不受嗟来之食，掉头而去。你瞧，本来是想帮助人家，反倒得罪了人家，还说什么“好心无好报”，太不通人情世故了。

“毁”是诋毁的意思，也就是说人家的坏话。这个坏话不是当场说的，是背后说的。比如，给了别人一个帮助，生怕人家不晓得自己心眼好，马上去告诉人家：“那小子现在都混成这样了，穷得连给小孩交学费的钱都没有。我看他可怜，借给他500元。”这好像是真话，怎么说是诋毁呢?因为这是揭人隐私。人在社会上，是要讲信誉的，这是一种无形资产。你让人知道了他的窘状，他的信誉马上下降，以后办事人家不放心他。所以，你借给他500元，一句话就让他损失了无形资产5000元。你这500元他还要还你，他损失的5000元找谁去要?他不找你报仇就好了，还想指望他的回报?

假如受自己帮助的人发达了，自己却原地踏步，说的话就更难听了：“那小子，当初如何如何，要不是我帮他一把，他哪有今天?”这就不只是诋毁，而是诬蔑了。他混到今天这一步，99%肯定是靠他的才能和努力，你那点帮助哪够用?不自度者，连佛祖也认为度不了他，自己不努力还揭别人的短，不是诋毁是什么?人家不报复就好了，你还指望他的回报?

电影里经常出现这样的镜头：某女身出豪门，某个小人物跟她结了婚，从此步步青云。此女便以此为傲，气稍不顺，就说：“你没有我，哪有今天?”最后，老公坚决要跟她离婚。这个女人就是犯了诋毁的毛病。不错，你是给了他一个机会，但运用这个机会的才能却是他自己的，没有才能有机会也白搭。他有这个才能，在别的地方也可能找到这种机会，怎么能说没有你就没有他的今天呢。

在佛的三大布施原则中，最重要的当然是至诚之心。你不是因为他有权有势，不是因为他长得漂亮，不是因为他将来可能有出息，不是因为想炫耀自己，总之没有任何私心杂念，完全是因为一念之善，这样的施予才是真正的慈善，无论你的施予多么微不足道，都是该得善报的。

给予是通往天堂的唯一路径

有位国王想励精图治，他觉得如果有三件事能够解决，则国家立刻可以富强。第一，如何预知最重要的时间；第二，如何确知最重要的人物；第三，如何辨明最紧要的任务。于是群臣献策说，把时间支配得正确，最好是列表；国家最重要的任务是培养教师或科学家；而当务之急是弘扬科学与严明法律。

国王对这些答案都不满意。他去问一个高僧，高僧正在垦地，国王问他这三个问题，恳求高僧的忠告，但高僧并没有回答他。高僧挖土累了，国王就帮他的忙。天快黑时，远处忽然跑来一个受伤的人。于是国王与高僧把这个受伤的人先救下来，裹好了伤，抬到高僧家里。翌日醒来时，这位伤者看了看国王说："我是你的敌人，我昨天知道你来访问高僧，准备在你回程时截击，可是被你的卫士发现了，他们追捕我，我受了伤逃过来，却正遇到你。感谢你的救助，我不再是你的敌人了，我要做你的朋友。"

国王再去见高僧，还是恳求他解答那三个问题。高僧说："我已经回答你了。"国王说："你回答了我什么？"高僧说："你如不怜悯我的劳累，因帮我挖地而耽搁了时间，你昨天回程时，就被他杀死了。你如不怜恤他的创伤并且为他包扎，他不会这样容易地臣服你。所以你所问的最重要的时间是'现在'，只有现在才可以把握。你所说的最重要的人物是你'左右的人'，因为你立刻可以影响他。而世界上最重要的是'爱'，没有爱，活着还有什么意思？"

给予是人性中光辉的一面。人只有怀着一颗真挚的爱心面对生活，才能够感受到生活中的美好和希望，同时也会得到别人的关爱和帮助。那么他能不快乐吗？所以选择了给予就等于选择了快乐。

一尊几百年前的弥勒佛，因年久失修，有些残损了，寺里请来佛工为其修葺。当佛工根据残损程度揭开弥勒佛的腹部，准备加固翻新时，在场的方丈和僧侣们无不惊愕动容——弥勒佛祖的阔腹里居然装着12个男女老少的陶俑!

见过、朝拜过弥勒佛的人们，往往陶醉或羡慕于佛祖无与伦比的朗笑，更为弥勒佛的超级大肚子动之以容、付之一笑。有人还铭记着有关弥勒佛的楹联：“大肚能容容天下难容之事，笑口常开笑天下可笑之人。”

可是，又有几人能够联想到、颖悟出弥勒佛之所以大腹便便、笑口常开的真正因由?

心中装着别人，装着衣食父母、亲情悠悠的男女老少，装着需要照顾、需要超度的芸芸众生，肚子能不大吗?笑容能不爽朗吗?

佛教以及信奉佛教的人们，能创想塑造出如此经典、如此奥妙的弥勒佛来，就是一种念及苍生、真实再现的慈悲情怀，就是一种高深玄妙、经世绝伦的人文艺术。

一个人的人生价值和真实幸福，不能仅仅囿于个人的一管之见、一私之利，要关爱别人、帮助别人，要“先天下之忧而忧，后天下之乐而乐。”

只有这样的心志和心态，人生才能抵达一种高尚而神圣的境界。如此才能得到无比的快乐。

有一人过世之后，发现自己置身在一个金光闪闪的国度里，心想：“我现在一定比生前想象的情况好多了。”接着，一道光芒迫近他，引领他来到了一个非常富丽堂皇的宴会厅。

大厅里，有一张摆满各种佳肴美馔的长桌。他和很多不认识的人一同入席，开始准备享用自己喜爱的美食。

但是，正当他拿起刀叉时，突然有人从背后靠近他，并且在他的手臂后面绑了一块薄木板，这么一来，他根本无法将食物送入口中，因为他的手臂无法弯曲。

环顾四周，他注意到其他围坐在桌子边的人也有相同的困扰，无法弯曲已被笔直固定住的手臂。顿时，哀号和哭喊的声音四起，无论他们再怎么努力想将食物送入自己口中，仍无法随心所欲地弯曲手臂。

他走到那位带领他来到此地的人身旁，说：“我不愿待在这里，你还是让我到另一个地方吧！”

突然间，一道光芒引领他穿过大厅的门槛，来到另一个广大又华丽的宴会厅。

同样地，这个宴会厅里也有一张摆满和之前一样美食的大桌。这个人心想：“哦!这和刚才的场景很像。”

当他坐在餐桌前面准备进餐的时候，也有一个人走到他的后面，在他的手臂后面绑住一块薄木板。同样的情形再度重演，他仍旧无法弯曲手臂将夹取的食物送入口中。

正为此感到惋惜和伤心时，他环顾餐桌四周，注意到这里和先前的情形有些许不同。

这里的人索性将他们僵硬、笔直的手臂伸直，把手上的食物送入邻座的人口中。每一个人都将美食喂给旁边的人，每个人都能享用到佳肴。整个大厅其乐融融，每个人都笑逐颜开。

帮助他人正是生命的本质。为他人尽力，也即为自己尽力；一个人在帮助别人时，无形之中就已经投资了感情，别人对于你的帮助会永记在心，只要一有机会，他们也会主动帮助你的。

所以，你会因为帮助了别人而被别人放置在一个温暖的环境中，享受给予之后的快乐。

天堂与地狱只有一线之隔，给予与索取也只有一步之遥，为求心的宽慰与快乐，请先给予他人以帮助。因为那是你通往天堂的唯一路径。

吝啬的人，别人对他也会吝啬

我们都提倡节约，但节约和吝啬是完全不同的两个概念。因此作为一个人，不能吝啬。这就如《菩萨戒本经》中所讲的那样："如果菩萨，自己有财物，生性吝啬，有贫苦众生，没有依靠，来乞求施舍，却不生起大悲之心，施给他们所求之物。或者有想听法的人来求法，却吝惜不说，这就是第二重罪。"

从前有一个非常吝啬的人，他从来没有想过要给别人东西，连别人叫他讲"布施"这两个字，他都讲不出口，只会"布、布、布……"个半天，好像一讲出这两个字，自己就会有所损失。

佛陀知道了这件事后，就想去教化他，于是到了他住的城镇去开示。佛陀就告诉大家布施的功德：一个人这辈子之所以富有，比别人长得高、长得帅，所有一切美好的事物，都跟上辈子的布施有关。

这个吝啬的人听了佛陀的教示之后很感动，可是他仍然布施不出去，他为此深感烦恼，便跑去找佛陀，对佛说："世尊呀！我很想布施，但是做不到。"佛陀从地上抓了一把草，把草放在他的右手，然后要他张开左手，佛陀说："你把右手想成是自己，把左手想成是别人，然后把这把草交给别人。"这个吝啬的人一想到要把这把草给别人，就呆住了，急得满头大汗，

仍然舍不得给出去。最后，他突然开悟：“原来左手也是我自己的手。”就赶紧把草给出去，自己也为此深感欣慰。第二次他只花了约一分钟，就把草给出去了。后来，他只要很简单地就可以把草给出去。佛陀又说：“现在你把草放在左手，把右手张开，将草交给别人。”第一次他也是想了半天才给出去，第二次他很容易就交出去。最后，佛陀对他说：“你现在把这把草给别人。”他便把这把草给了别人。

经过不断地练习，这个有钱人便把财物布施给别人，最后把身体也布施给了别人。

这个故事令我们非常感动，认识到菩提的追求没有资格的限制，再吝啬、再坏的人，只要发心想追求菩提，就可以透过训练开启菩提心。训练开启菩提心最简单的方法只有一个，就是时时让自己往光明、美好、良善的地方走。

还有个很好笑的笑话，是这样的：

有一天，地狱的宫殿里非常吵闹，阎王走近一看，原来在举办投胎仪式。人们大多兴奋异常，只有一只猴子在角落哭泣。阎王忙问怎么回事，猴子说：“报告阎王，张三李四等都已转世为人，为什么我不可以投胎人间？”

“你全身是毛，如何为人？”阎王说。

猴子急忙说：“把我身上的毛拔光，不就可以了吗？”

阎王只好拔猴子身上的毛，但只拔了一根，猴子就大声哀嚎：“哎呀，好痛啊！”

阎王见状，无奈地叹道：“你一毛不拔，何以为人？”

人生最无谓的节省是吝啬，一毛也不拔，一点也不舍，这种人叫谁都会摇头叹息。

过去有个财主，他死后留下了两车的黄金，送到国王那里。国王就用这个事情来问佛：“是什么原因使他得到这么多的黄金？”佛说：“他曾经供养给一个阿罗汉一碗粥，所以他生生世世，不缺乏金钱。”国王又问：“那为什么他自己也不肯吃，也不肯喝，而且守着这个财宝呢？”佛说：“在布施的时候，他又后悔了。他说，这碗饭我不如给我的仆人吃。所以，他同时又得了一个果报，就是生生世世都要吃仆人的粮食、饭菜。”国王又问：“他现在要到哪去？将来会怎样？”佛说：“他要下地狱，由于吝啬成性，不光是对别人吝啬，对自己也吝啬。过分的吝啬，最后要到地狱，断绝善根。”

守财不施，是谓钱奴。挥霍者在剥削子孙，而守财奴则剥削自己。吝啬的人，是被财产占有，而非占有财产；吝啬的人，对于他所拥有的，正如他所没有的，同样地感到缺乏。小气的人，永远也成不了大事。

千栋房屋空身去，万顷良田撒手归。我们空手地来，又空手地去，既无法拥有自身，又何苦执著外物？既不能留住生命，又怎能安享钱财？可给，何不多给！能施，何不乐施！

用慈悲的心做慈悲的事

佛说："慈心，是亲爱和好的心，希望他人有幸福，是无量心、是大丈夫心。要做什么事，都要有爱心；要说什么话，都要有爱心；要想什么事，都要有爱心。这样做，爱心会支持这世界，会使世界有福同乐、和敬同住、不相疑忌、不相仇视。这样，全世界会美好起来，一切众生，亦都是很安乐的。"

一位吃人女巫极力想追捕一位圣人的女儿和她的婴儿。当圣人的女儿知道释迦牟尼在寺院宣扬教义时，她去拜访佛陀，并将她的儿子放在他的脚下，请求他的祝福。那位吃人女巫原本被禁止进入寺院，但在释迦牟尼的示意下，女巫也获准入内。释迦牟尼同时为吃人女巫和圣人之女赐福。

释迦牟尼说她们俩的前世中，有一人一直无法怀孕，所以她的丈夫娶了另一个女人。当大老婆知道另一个女人怀孕时，她将药放入食物中，使另一个女人流产了。她一再使用这个伎俩，直到第三次使得会怀孕的女人因此而死亡。在死之前，那位不幸的女人在盛怒下，诅咒她将报复大老婆和她的后代。

因此，她们因过去的竞争中所引发的不和，导致世世代代带着仇恨，相互残害对方的婴儿。女巫想杀死圣人之女的婴儿，只不过是深植心中的仇恨的延伸罢了。仇恨只会带来更多的仇恨，只有爱心、友谊、谅解和善心能消弭仇恨。在明了她们俩的错误后，她们接受了释迦牟尼的劝告，决定和平相处。

按照佛教的说法，这个故事告诉我们这样的道理：人们若带着仇恨的心，死时仍会将仇恨带到下辈子去。

爱对他人而言是无价之宝，透过爱，我们可以给予需要爱的人温暖。爱与被爱的人，比远离爱的人幸福。我们付出越多的爱心，就会得到越多爱的回报，这是永恒的因果关系。

对于爱的定义因人而异，根据释迦牟尼的说法，爱不是为了满足私欲而依恋某人或某物。爱应该是不间断地自我牺牲，对万物充满慈悲。

释迦牟尼曾说：让人们不再相互欺骗，不再互相轻视，在愤怒或意志薄弱时，也不会相互伤害。爱就如母亲一般，即使是冒着生命危险，也会极力保护她唯一的孩子。所以，要让人们培养无止境的爱心。

爱犹如泥土，使万物生长。它丰富了人类的生命，不给予丝毫的限制和羁绊。爱提升了人性。爱毋需花费分毫，爱应该是没有选择性的。或许有些人会认为爱是一种获得，但它基本上是一种付出的过程。

在培养爱心和善意时，应该由家中做起。父母亲之间的情感，影响家中气氛甚巨，家中成员因此感受到爱、呵护和分享。夫妻间应该相互尊敬、谦恭和忠诚。

一个有爱的人会拥有慈悲心，我们应该养成习惯，去帮助身陷困难或比你更不幸的人。爱心和善意扩大并不意味着赠予，而是表现慷慨和有礼的精神。善意是一种盲人可见到、聋者可听到的美德。在这个世界，有人需要你用言语去安慰他，他会因你的出现而感到愉快且朝气蓬勃，他会因你的帮助而脱离苦海。无论你的存在是多么的不明显或不重要，你对人类而言，是最珍贵的财富。所以，你不应该为此而感到沮丧。甘地曾说：“你的善行多半是不显著的，但是，重要的是你做了。”

寻找四周比你不幸或不健康的人，然后尽一己之力去帮助他们。我们应该不断地培养仁慈心、爱心和善意。凡是世上的人，皆有被欺骗的经历，你也不例外。假如你被人欺骗时，不用感到羞愧或侮辱，但是，假如你欺骗他人，就是件可耻的事。对那些对不起你的人，千万不要存有报复之心。

有时，你所在乎的人似乎对你漠不关心，你会因此感到心情沉重。但是，这不是沮丧的好借口。既然你坚信你对他人怀有慈悲心，别人的忘恩和不在乎无关紧要。

当内心有爱时，四周将环绕着光明；当内心有爱时，每一句话都有欢乐的气氛；当内心有爱时，时光将轻缓、甜蜜地流逝。

用慈悲的眼神看待万物、用慈悲的口舌随喜赞叹、用慈悲的双手常做佛事，我们将得到永久的祝福。

与人分享幸福，会得到更多的幸福

有一个字谜很有意思：“一人本姓王，怀里揣着两块糖。”谜底是“金”。是啊，一个人，无论身处怎样的境遇，只要他怀里揣着两块糖，一块慷慨地赠与别人分享，一块留下自己慢慢品尝，就自会获得人生的快乐和金子般的幸福。在生活中，我们只要与别人分享幸福，分享快乐，分享亲情，分享成功，分享信息，分享甘苦……就会在分享中获得人生的真谛。

《四十二章经》中说：“睹人施道，助之欢喜，得福甚大。”沙门问曰：“此福尽乎？”佛言：“譬如一炬之火，数千百人各以炬来分取，熟食除冥，此炬如故。福亦如之。”其实幸福是埋藏在每个人心中的感觉，只要你愿意去开启它，愿意相信自己，那幸福就会常在。

记得有位作家曾说过：“倘若你有一个苹果，我也有一个苹果，而我们彼此交换苹果，那么，你和我仍然是各有一个苹果。但是，倘若你有一种思想，我也有一种思想，而我们彼此交换这些思想，那么，我们每人将各有两种思想。”分享的幸福正在于，它可以使我们拥有更多的东西，而把自己的东西拿来与别人分享的那一刻，不但能体会到分享的乐趣，更能体验到一种满足感。因为分享幸福，你会得到双倍甚至更多的幸福，所以我们也在享受幸福。让我们静静坐下来，让幸福在我们身上停留。

有一位叫智德的禅师在院子里种了一株菊花。三年后的秋天，院子

里开满了菊花，香味一直传到了山下的村子里。来禅院的信徒都不住地赞叹：“好美的花儿啊”！

有一天，有人开口向智德禅师要几枝种在自己家的院子里，智德禅师答应了。他亲自动手挑了开得最艳、枝叶最粗的几株，挖出根须送到别人家里。消息传开后，前来要花的人接踵而来，络绎不绝，智德禅师满足了每个人的愿望。可是这样一来，没过几天，院里的菊花就都被送出去了。弟子看到满院的凄凉，忍不住说：“太可惜了！这里本来应该是满院的香味啊。”智德禅师微笑着说：“这样不正好吗？因为三年以后就会是满村菊香了啊！”弟子听师傅这么一说，脸上的笑容立刻如菊花一样灿烂起来。智德禅师告诉弟子：“我们应该把美好的事物与别人分享，让每个人都感受到这种幸福，即使自己一无所有了，心里也是幸福的啊。”

这个故事揭示了一个道理——什么是真正的幸福。关心爱护周围的人，多为别人着想的人，心中的幸福感觉最多，因为看到别人的幸福微笑，我们心中自然也会感到幸福快乐。

幸福是人人可以达到的，不论年龄、性别、职位；幸福是心灵内在的感触；幸福的人生是人与环境的和谐；幸福是人文与物质的平衡；能与人分享幸福是双倍的幸福；幸福感不仅来自获得，更来自于给予；有爱的人生才是幸福的人生；执著、勇敢、热忱、信念是通向幸福彼岸的诺亚方舟；幸福来自于对愿景的追求。

善待他人，就是善待自己

与人为善来源于高尚。“人心本善”，“只要人人都献出一点爱，世界就会变成美好的人间”……有了这样的情操，人们的行动才有了指南，人生杠杆才有了支点，理想大厦才有了精神支柱。市场经济，红尘滚滚，似乎地位、金钱、利益决定一切。于是有的人便认为与人为善的精神已变得陈旧而失去了光泽。其实，人们需要善良，世界需要善良，你自己也需要善良。

《优婆塞戒经·自他庄严品》中说：“别人对我有一点点恩德，就应想着怎样大大地回报他。对怨恨自己的人，要总是怀着善心。”这是教人行善事，做善人的箴言。

中国有句处世之道的古话叫：“与人为善”。是说人不论到什么时候，都要以善的一面对待别人。与人为善是人际交往中一种高尚的品德，是智者心灵深处的一种沟通，是仁者个人内心世界里一片广阔的视野。它可以为自己创造一个宽松和谐的人际环境，使自己有一个发展个性和创造力的自由天地，并享受到一种施惠与人的快乐，从而有助于个人的身心健康。

与人为善并不是为了得到回报，而是为了让自己活得更快乐。与人为善其实极易做到的，它并不要你刻意去做作，只要有一颗平常的心就行了。

在《本生经》中，载有这样一个有关“月与兔”的故事：

有一次，猴子、狐狸、兔子在一起玩。正玩得高兴的时候，突然看见一个饿得快要发昏的旅者拖着疲惫的脚步走了过来。

这三个动物都很可怜他，就四处为他寻找食物。结果，猴子和狐狸都找回了很多吃的，只有兔子两手空空地回来了。于是，兔子跃身跳入火中，将自己的身体献给旅者当食物。就在这时，旅者化为佛陀，感动于兔子那种舍己为人的慈悲心，而把它送入月亮的世界，所以以后才有兔子住在月宫的传说。

在这个故事中，兔子的善行被加大宣扬，猴子和狐狸也有善行，却被忽略或轻视了。当然，如果将以找到食物的本领为标准来评判价值的话，那么猴子和狐狸则要比兔子更值得赞扬。可问题是，我们所强调的不在其奉献的是什么，而在其如何去奉献。

在日常生活中，无非是想丰富你的生活，实现你的价值。而这所有的一切，归根到底，都来自于你是否善待他人。与人为善不仅给你财富，还使你拥有被他人喜爱的充实感。记住：只有与人为善，才能求得长远财富；奸人只能造就一时的得意，却不能品味充实自信的人生。

与人为善也来源于自信。无论生活以什么样的方式回报他，他都能应对自如。正如一位诗人所说："报我以崎岖吗？我是一座大山严肃地思索；报我以平坦吗？我是一条欢快的小河；报我以不幸吗？我是一根劲竹经得起狂风暴雨；报我以幸福吗？我是一只凌空飞翔的燕子。"

释迦在世的时候，有一个名叫难达的老婆婆很想拿些什么东西来供养释迦，但可惜的是，老婆婆非常贫困，根本拿不出任何东西。

一天，老婆婆想用灯火来供养释迦，就到集市上去买灯油，卖家问她："你穷得连饭都吃不上了，为什么不把买油的钱拿来买粮食呢？"

老婆婆说："我就是因为太穷了，一向都拿不出东西来供养佛陀。现在想，至少要在自己的余生里供养一次，才来买油的。"

老婆婆回家后，便为佛陀点起灯火。这一夜，风很大，别人的灯火都被风吹灭了，唯独老婆婆的灯火不断亮着。释迦的弟子们看到这种情况，很是不解，于是就问释迦。释迦解释说："老婆婆的供养虽然很小，但它却包容了全心全意的缘故。"

这是《阿阇世王授诀经》中所载的一个故事，这则故事也强调了精神的施予比物质的施予更令人尊重的观点。

现实生活中，有些人不讨人喜欢，甚至四面楚歌，主要原因不是大家故意和他们过不去，而是他们在与人相处时总是自以为是，对别人随意指责，百般挑剔，人为地造成矛盾。只有处处与人为善，严以责己,宽以待人，才能建立与人和睦相处的基础。在很多时候，你怎么对待别人，别人就会怎么对待你。这就教育我们要待人如待己。在你困难的时候，你的善行会延伸出另一个善行。

孟子曾经说过："君子莫大乎与人为善。"善待他人是人们在寻求成功的过程中应该遵守的一条基本准则。在当今这样一个需要合作的社会中，人与人之间更是一种互动的关系。只有我们去善待别人、帮助别人，才能处理好人际关系，从而获得他人的愉快合作。那些慷慨付出、不求回报的人，往往更容易获得成功。

总之，善待他人就是善待自己。如同我国有句古语说的那样：授人玫瑰，手留余香。

常行忏悔

在日常生活中，我们在有心无心之间不知做错了多少事情，说错了多少话，动过多少妄念，只是我们没有觉察罢了。所谓“不怕无明起，只怕觉照迟”，这种从内心觉照反省的功夫就是忏悔。忏悔在生活上有什么作用呢?它能帮助我们什么?第一，忏悔是认识错误的良心；第二，忏悔是去恶向善的方法；第三，忏悔是净化身心的力量。

佛界有这样一个故事：

悟明与悟静一同听道。禅师正讲“不杀生”的戒律，坐在悟静身边的一个魁伟的大汉悄悄对悟静说：“我是一名刽子手，可是我知道我罪恶深重，想改恶从善。我还能修道吗?”

悟静重重地点了一下头，道：“能!”

在回家的路上，悟明责怪悟静，说：“你为什么骗那个刽子手?他杀了那么多人，明明要受到报应入地狱的!”

悟静反问：“你能成佛吗?”

悟明想了想，道：“应该可以。”

悟静问：“你每天喝水吗?”

悟明有些茫然，但还是回答说：“当然。”

“你知道一口水中有多少生灵吗?”

“佛说，一口水有八万四千条生灵。”

“它们杀过人吗?”

“没有。”

"它们抢过钱财吗?"

"没有。"

"它们打劫放火吗?"

"没有。"

"那么你每天随意残杀无辜生灵尚能成佛，他如何不能修道呢?"

人无忏悔之心便无药可医，佛说："人有时因无知而犯罪，或因愤恨，或因误会而犯罪。事后，自知无理，来求忏悔谢罪，此人确是难得，有上德行，但受者反不肯接受其忏悔，必欲报复。如果是这样的话，那么犯罪者已无罪，而不接受忏悔者，反成为积集怨结之人。"

平时我们的衣服肮脏了，穿在身上非常不舒服，把它洗干净再穿，觉得神清气爽；身体有了污垢也要沐浴，沐浴以后，浑身上下舒服自在；茶杯污秽了，要用清水洗净，才能再装茶水；家里尘埃遍布，也要打扫清洁，住在里面才会心旷神怡。这些外在的环境器物和身体肮脏了，我们知道拂拭清洗，但是我们内在的心染污时，又应该怎样去处理呢?

当我们的心受到染污的时候，要用清净忏悔的净水来洗涤，才能使心地没有污秽邪见，使人生有意义。

在日常衣食住行的生活中，有了忏悔的心情，就能得到恬淡快乐。好像穿衣时，想到"慈母手中线，游子身上衣"的古训，想到一针一线都是慈母辛苦编织成的，那密密爱心多么令人感激!这样一想一忏悔，布衣粗服不如别人美衣华服的怨气就消除了。吃饭时，想到"一粥一饭来之不易"，粒粒米饭都是农夫汗水耕耘，我们何德何能，岂可不好好珍惜盘中餐?惭愧忏悔的心一生，粗茶淡饭的委屈也容易平息了。住房子，看到别人住华厦美居，心生羡慕，要想想"金角落，银角落，不及自家的穷角落"，觉得有一间陋室可以栖身，可以居住，那总要比多少流落街头，躲在屋檐下避风雨的人好得多了。忏悔心一发，自然住得安心舒适了。出门行路，看到别人轿车迎送，风驰电掣好不风光，但想到别人得到这些，不知要熬过多少折磨，吃过多少苦楚，是心血耕耘得来的，而自己还努力不够，功夫不深，自然应该

安步当车，这样，也就洒脱自在了。

一念忏悔，使我们原本缺憾的生活，突然时时风光，处处自在，变得丰足无忧了，这就是能够常行忏悔的好处。

忏悔是我们生活里时刻不可缺少的一种言行。忏悔像法水一样，可以洗净我们的罪业；忏悔像船筏一样，可以运载我们到解脱的彼岸；忏悔像药草一样，可以医治我们的烦恼百病；忏悔像明灯一样，可以照亮我们的无明黑暗；忏悔像城墙一样，可以保护我们的身心六根。《菜根谭》里说："盖世功德，抵不了一个矜字；弥天罪过，当不了一个悔字。"犯了错而知道忏悔，再重的过错也就有了改正的开端。

佛经上说："菩萨畏因，众生畏果。"菩萨和众生的差别，在于菩萨能高瞻远瞩，眼光看得远大，不会迷惑于一时的贪欲，造作万劫难复的恶因；而众生短视浅见，只看到刀锋上甜美的蜜汁，却全然不顾森寒锐利的锋刃。等到蜜汁尝到了，舌头也割破了的时候，已经种下无尽的恶因，结成无法弥补的苦果，后悔莫及了。人生短暂，我们应早向圣贤看齐，趁着年轻力壮的时候勤奋开垦，创造自己光明而美满的人生。

忏悔是重新认识和评价自我、重新更迭和安顿自我的一种非常重要的途径。忏悔的意思是"承认错误"，但是承认错误之后，还要负起责任，准备接受这个错误所带来的一切后果，这才是忏悔的功能。

根据佛经，忏悔有三种方法：第一是对自己的良心忏悔；第二是对我们所亏欠的人忏悔；第三则是当众忏悔。在当下承认错误的同时，对自己负责，也对他人负责。

其实在我们一生之中，无意间对不起的人有很多很多，他很可能就是我们的父母、兄弟姊妹等最亲近的亲人；我们伤他们的心，让他们受苦受难，而自己并不知道，甚至有时候让人家受苦受难，心中还在幸灾乐祸，说："活该!希望他再苦一点，这样才能发泄我心中的不满。"有这样的向恶心理，都应该要忏悔。如果我们平常能够天天忏悔的话，我们的身心行为就会越来越清净。

忏悔、知己之恶而改之，然后可成善因。

生命有它自己的过程

一个国王生了女儿后，非常高兴，他日夜盼望女儿快些长大，可女儿仍然在不紧不慢地长，丝毫不理会他的急迫心情。国王没办法，便把宫中的医师召来。国王命令医师：“给我一种药，能够使我的女儿吃了立即长大。”

医师回答说：“我可以给您这种药，使公主立即长大，但眼下还没有这种药方，必须去寻找。但在我找药期间，请大王您不要去看公主，等公主服药后，再请您见公主。”于是他就到远方去找药了。

12年过去了，医师采药回来了，他把药给公主吃了后，便带她去见国王。国王见了长大后的女儿很高兴，自言自语地说道：“确实是良医，给我女儿吃了药，能让她立即长大。”便诏令左右的侍从，给医师赏赐珍珠宝物。

人们都嘲笑国王的无知，不懂得起码的常识，不管女儿的年龄，看见她长大了，便认为是药的作用。

有一个信徒来到修行有道的高僧面前说：“我想得到您的指点，使我很快透彻地领悟人生。”

高僧便从基础开始，教他坐禅抛除一切尘念的静虑，领会佛教对人生、对社会的观察和解释，积累认识各种行为的规范，达到摈弃一切人生烦恼的修悟境界。

这人听后欢呼雀跃，说道：“真快乐啊!大师，您这么快就让我能达到佛学的最高境界，真是了不起呀。”

高僧摇摇头，一声不吭地离开了。

生命是一个自然的过程。生的必然和死的必然一样重要。然而，生命却不仅有这两个概念，生与死对于某个个体而言也许只是一个符号，更重要的意义在于从生到死的整个过程。这是你我该经历的，也是你我最该尊重的。生命注定要在由小到大的过程中加入酸、甜、苦、辣的滋味，感受喜、怒、哀、乐的种种心情。在经历了一切该经历的之后，由青涩变成深红，从幼稚变成圆熟。如果你拒绝了经历，也就拒绝了生命。所以请不要在幼嫩的时候，急于经风历雨，也不要在熟韧之后渴盼回到从前。一生的过程需要每一天最真实的感受的积淀。

《沙原隐泉》中有这样一段话："爬，不为那山顶，只为已经划下的曲线；爬，不管最后到达什么地方，只为了已经耗下的生命；爬，站在永久的顶端，不断浮动的顶端，自我的顶端。爬，只管爬。"生命的意义在于一个攀爬的过程，那是站在今天的顶端向着明天的顶端进步的过程，因为每个人生命的终点都是一样的，都将化做泥土。

有人说，人生就像一本书，中间夹杂着无数的坎坷与危机，让人久久不能平静；也有人说，人生就像一场戏，有高兴、有失落、有松弛，也有紧张，令人回味无穷。其实无论是书还是戏，人生都是一个过程。一个人有好的结果，往往是因为他注重实现生命价值的过程，而且在这个过程中他从没有失落不断追求的精神；因为他知道唯有追求，才能完善生命过程，充实出一个有价值的生命。成功人士对于真理、对于事业的追求无不如此。而有些人却不懂得努力的过程，过分看重结果，到头来却是一事无成；其实只要追求过、用心过，即使得不到，也不会有遗憾！

传说中的荆棘鸟，就是用剧痛和生命换得了一次生命的绝唱，它让人们明白只有磨难与苦痛才能造就辉煌的生命过程。没有十年寒窗雪，哪得梅花扑鼻香？古今中外，任何成就的背后都是一个艰辛的历程，成功的事业需要经营，美满的婚姻需要经营，无悔的人生更需要经营。用心去经营，生命的句号一定会很精彩。

活着的时候为自己所能亲历的一切喝彩并感恩。因为那是生命给予你的财富。

放下善恶

人之善恶，犹如人之生死，是与生俱来的。

赫拉克利特说："神就是生命和死亡，夏天和冬天，饥饿和饱足，善和恶。它一直都是两者，神就是真实的存在。"

我们每个人的本来，没有恶也没有善。善恶是孪生兄弟，是互相对立而成立的。当我们弃绝了恶时，恶的对立面善也就不复成立了。

倡导善良，只是为了让我们以最小的成本进行生活；以恶相报自然是恶恶相报成本陡然增大。奉行善心善行，其实是减少人生成本，让我们好过一些，这并非就是真理本身。

所以，禅要求我们超越于善恶这种分别心之上，直接明白我们心灵的真实情况，如此才是契入禅机的要点。

六祖惠能辞别了五祖，开始向南奔去。过了两个半月，到达大庾岭。后面追来了数百人，欲夺衣钵。

有一名叫慧明的僧人，出家前是四品将军，性情粗暴，极力寻找六祖，他抢在众人前面，赶上了六祖。

六祖不得已，将衣钵放在石头上，说："这衣钵是传法的信物，怎么能凭武力来抢呢?"然后隐藏在草莽中。

慧明赶来拿，却无论如何也拿不动法衣。于是他大声喊道："行者，行者，我是为得到佛法而来，不是为此法衣而来。"

六祖就从草间出来，盘坐在石头上。慧明行礼后说："望行者能为我

说说佛法。”六祖说：“既然你是为了佛法而来，那你就摈弃一切俗念，不要再有任何念头，我为你说法。”

慧明静坐了良久，六祖说：“不思善，不思恶，正在这个时候，哪个是明上座的本来面目?”

慧明听了，顿时大悟。

禅要求我们超越于善恶的分别心之上，直接明白我们心灵的真实情况。以无所依、无所求之心而培养善心善行，才是最好的生活状态。

一个人可以在一念之间变成耶稣也可以变成魔鬼，那是因为人性中本就存在光明与黑暗的两面。当妄念太过执著时，人便舍弃了光明的那一面，而走向黑暗。其结果也必将是黑暗的。人生如过眼云烟，最终必是一切成空。为恶一生所得的所有益处都无法带走。只有以无所求之心培养善心善行，方能得到“极乐”的赠予。

以无所希求之心培养善心善行，则可以无挂无碍，享受上佳的生活境界。

爱这世间一切生命

佛界悲悯一切生命，珍爱一切生命，这是佛界所讲的大善。所以，佛教是绝对禁止杀生的。可是，人作为万物之灵长，却似乎并不愿承认佛教的这一戒律。而且总是以自己所占的优势去践踏和摧残那些无辜的生命。

一座山上住着一位很有智慧的和尚，山下的村里有什么疑难问题，村民们都上山来向他请教。

村民们说没有任何事情能难住老人家。

有一个聪明又调皮的孩子想故意为难那位和尚，他捉住了一只小鸟，握在手中，跑去问和尚："大和尚，听说您是最有智慧的人，但我却不相信。假如您能猜出我手中的鸟是活的还是死的，我就相信了。"

和尚注视着小孩子狡黠的眼睛，心中有数。假如自己回答小鸟是活的，小孩会暗中加劲把小鸟掐死；假如回答小鸟是死的，小孩定会张开双手让小鸟飞走。

和尚于是拍拍小孩的肩膀说："这只小鸟的死活，就全看你的了。"

看看这个孩子吧。一个小孩就可以决定一只小鸟的生死。人类是否可以重新审视一下自己的天性和良知？人类为了自己的生存，遵循物竞天择、弱肉强食的生存规则是无可厚非的，否则，我们就只能自取灭亡。但我们绝不能因为自己是万物之灵长就可以像那个小孩一样任意将其他的生命握在手中，用我们的意志去决定它们的生死。因为那是一种罪，一种恶，而且是大恶。

佛说："众生皆怕刑害，自己亦怕刑害；众生皆怕死，自己亦怕死。人若能以此心，念自己之怕而想及其他众生之怕，则自己必不杀生，亦不教令人杀生。"

1960年，饥饿不堪的人们围了两个山头，要把这个范围的猴子赶尽杀绝，不为别的，就为了肚子，零星的野猪、鹿子已经解决不了问题，饥肠辘辘的山民把目光转向了群体的猴子。两座山的树木几乎全被伐光，最终一千多人将三群猴子围困在一个不大的山包上。猴子的四周没有了树木，被黑压压的人群层层包围，插翅难逃。双方在对峙，那是一场心理的较量。猴群不动声色地在有限的林子里躲藏着，人在四周安营扎寨，还时不时地敲击响器，大声呐喊，不给猴群以歇息机会。三日以后，猴群已经精疲力竭，准备冒死突围，人也做好了准备，开始收网进攻。于是，小小的林子里展开了激战，猴的老弱妇孺开始向中间靠拢，以求存活；人的老弱妇孺在外围呐喊，造出声势，青壮进行厮杀，彼此都拼出全部力气浴血奋战，说到底都是为了活命。战斗整整进行了一个白天。黄昏的时候，林子里渐渐平息下来，无数的死猴被收集在一起，各生产队按人头进行分配。

那天，有两个老猎人没有参加分配，他们俩为了追击一只母猴来到被砍伐后的秃山坡上。母猴怀里紧紧抱着自己的崽，匆忙地沿着荒脊的山岭逃窜。两个老猎人拿着猎枪穷追不舍，他们是有经验的猎人，知道抱着两个崽的母猴跑不了多远。于是他们分头包抄，和母猴绕圈子，消耗它的体力。母猴慌不择路，最终爬上了空地上一棵孤零零的小树。这棵树太小了，几乎禁不住猴子的重量，绝对是砍伐者的疏忽，他根本没把它看成一棵树。上了树的母猴再无路可逃，它绝望地望着追赶到跟前的猎人，更坚定地搂住了它的崽。

绝佳的角度，绝佳的时机，两个猎人同时举起了枪。正要扣扳机，他们看到母猴突然做了一个手势，两人一愣，分散了注意力，就在犹疑间，只见母猴将背上的、怀中的小崽儿，一同搂在胸前，喂它们吃奶。两个小东西大约是不饿，吃了几口便不吃了。这时，母猴将它们搁在更高的树杈上，自己上上下下摘了许多树叶，将奶水一滴滴挤在叶子上，搁在小猴能够到的地方。做完了这些事，母猴缓缓地转过身，面对着猎人，用前爪捂住了眼睛——

母猴的意思很明确：现在可以开枪了……

母猴的背后映衬着落日的余晖，一片凄艳的晚霞和群山的剪影在暮色中摇曳，两只小猴天真无邪地在树梢上嬉戏，全不知危险近在眼前。

猎人的枪放下了，永远地放下了……

人权往前推演一步，就是动物权，就是承认众生平等，承认动物也有其生存和发展的权利。于是，人本主义被质疑，人权受到挑战。凭什么以人为中心，以人的意志和利益来规定这个世界的秩序?凭什么以人的无节制的欲望，来剥夺动物的生存和发展的权利?

在世俗社会中，关于杀生的伦理原则，应该是把需求量降到最低，把猎杀量降到最低。不是绝对禁止杀生，而是尽可能减少杀生。尽可能减少杀生，不仅是为了“可持续发展”，使我们明天还有生可杀，而且是基于“众生平等”的伦理，认识到杀生就是作恶。为了我们人类的生存和健康，我们不得不杀生。那是我们不得不作的必要的恶。或者说，必要的作恶不算作恶。或者说，理性的作恶恶中有善。

是的，理性的作恶，恶中有善。因为并不是每一粒生命的种子都有发育的权利，并不是每一个生命的个体都有继续生长和繁衍的权利。如果每一粒鱼卵都不受伤害地发育成鱼，不出几代，整个地球水域就会变得拥挤不堪，最终成为一切水生生物的坟场。如果每一枚鸡蛋都不受伤害地孵化成鸡，如此蛋生鸡、鸡生蛋，不出十年，地球上的所有空间就只剩下了鸡，进而成为鸡的墓地……所以，杀生是恶行，也未尝不是善举。

对于人类，对于世俗社会，其伦理原则当为：可以杀生，但不要超出你自己的生存需求，不要危及被食用者的物种生存，不要赶尽杀绝，不要暴殄天物，不要无端地残害生命，也不要为满足自己那点好奇心或小情趣，就去囚禁生命，包括动物园囚禁众多珍禽异兽和市井人家囚禁一只相思鸟。

上天有好生之德。以己之心体谅动物之心，爱这世间的一切生命，是我们为人的大善。

怜悯生命，尊重规律，以德扬善，造福于人。

盲人点灯

漆黑的夜晚，一个远行寻佛的苦行僧到了一个荒僻的村落中，漆黑的街道上，村民们你来我往。

苦行僧走进一条小巷，他看见有一团晕黄的灯从静静的巷道深处照过来。一位村民说：“瞎子过来了。”

瞎子?苦行僧愣了，他问身旁的一位村民：“那挑着灯笼的人真是瞎子吗?”

他得到的答案是肯定的。

苦行僧百思不得其解。一个双目失明的盲人，他根本就没有白天和黑夜的概念，他看不到高山流水，也看不到桃红柳绿的世界万物，他甚至不知道灯光是什么样子的，那他挑一盏灯笼岂不可笑吗?

那灯笼渐渐近了，晕黄的灯光渐渐从深巷移游到了僧人的鞋上。百思不得其解的僧人问：“敢问施主真的是一位盲者吗?”

那挑灯笼的盲人告诉他：“是的，自从踏进这个世界，我就一直双眼混沌。”

僧人问：“既然你什么也看不见，那为何挑一盏灯笼呢?”

盲者说：“现在是黑夜吗?我听说在黑夜里没有灯光的映照，那么满世界的人都和我一样什么也看不见，所以我就点燃了一盏灯笼。”

僧人若有所悟地说：“原来您是为了给别人照明?”

但那盲人却说：“不，我是为自己!”

“为你自己?”僧人又愣了。

盲人缓缓向僧人说：“你是否因为夜色漆黑而被其他行人碰撞过?”

僧人说：“是的，就在刚才，我还不留心被两个人碰了一下。”

盲人听了，深沉地说：“但我却没有。虽说我是盲人，我什么也看不见，但我挑了这盏灯笼，既为别人照亮了路，也更让别人看到了我。这样，他们就不会因为看不见而碰撞我了。”

苦行僧听了，顿有所悟。他仰天长叹说：“我天涯海角奔波着找佛，没有想到佛就在我的身边。原来佛性就像一盏灯，只要我点燃了它，即使我看不见佛，佛也会看得到我。”

在一般人看来，盲人点灯是一种愚蠢的行为。但智者却偏偏是那个点灯的“盲人”。在漆黑的夜点一盏灯，不仅是为照亮别人，更是为照亮自己。别人因为黑暗而无法看清你的存在，所以，撞了你。但当你点一盏灯时，你的善行因为照亮了自己，所以别人便不会再去撞你。即使你是一个盲人，也不会遭受这种恶运。这就是我们所说的助人者善自助。

很多年前的一个暴风雨的晚上，有一对老夫妇走进旅馆的大厅要求订房。

“很抱歉，”柜台服务员回答说，“我们饭店已经被参加会议的团体包下了。往常碰到这种情况，我们都会把客人介绍到另一家饭店，可是这次很不凑巧，据我所知，另一家饭店也客满了。”

他停了一会，接着说：“在这样的晚上，我实在不敢想象你们离开这里却又投宿无门的处境，如果你们不嫌弃，可以在我的房间住一晚，虽然不是什么豪华套房，却十分干净。我今晚就待在这里完成手边的订房工作，反正晚班督察员今晚是不会来了。”

这对老夫妇因为造成柜台服务员的不便，显得十分不好意思，但是他们谦和有礼地接受了服务员的好意。第二天早上，当老先生下楼来付住宿费时，这位服务员依然在当班，但他婉拒道：“我的房间是免费借给你们住的，我全天候待在这里，已经赚取了很多额外的钟点费，那个房间的费用本

来就包含在内了。”

老先生说：“你这样的员工，是每个旅馆老板梦寐以求的，也许有一天我会为你盖一座旅馆。”

年轻的柜台服务员听了笑了笑，他明白老夫妇的好心，但他只当那是个笑话。

又过了好几年，那个柜台服务员依然在同样的地方上班。有一天他收到老先生的来信，信中清晰地叙述了他对那个暴风雨夜的记忆。老先生邀请柜台服务员到纽约去拜访他，并附上了来回机票。

几天之后，他来到了纽约的曼哈顿，于坐落在第五大道和三十四街间的豪华建筑物前见到了老先生。

老先生指着眼前的大楼解释道：“这就是我专门为你建的饭店，我以前曾经提过，记得吗?”“您在开玩笑吧!”服务员不敢相信地说，“都把我搞糊涂了!为什么是我?您到底是什么身份呢?”年轻的服务员显得很慌乱，说话略带口吃。

老先生很温和地微笑着说：“我的名字叫威廉·渥道夫·爱斯特。这其中并没有什么阴谋，因为我认为你是经营这家饭店的最佳人选。”

这家饭店就是著名的渥道夫·爱斯特莉亚饭店的前身，而这个年轻人就是乔治·伯特，他成为这家饭店的第一任经理。

你怎样对待别人，别人就会怎样对待你；你怎样对待生活，生活也会以同样的态度来对你进行回报。

当黑暗来临时，点一盏灯，不为别人，只为自己，但为自己的同时却也是为了他人。不要吝啬于自己的善行。当你点燃那盏照亮的灯时，受益的不仅是路人，而且还有你自己。任何时候的善行都将使你受益。

盲人点灯不是有悖常理，而是人生的一种大智慧。

记住该记住的，忘记该忘记的

每个人都有痛苦的记忆，比如自己在小的时候所受的苦楚，在读书时的穷困，因家境不好而受到的冷遇，还有婚姻的挫折，以及亲戚、朋友如何如何对不起自己……为此一直耿耿于怀，因而抑郁寡欢。其实，这都是数十年前的陈年旧账了，我们却为此所困，始终不开心，常年处于负面、阴暗的心态中，严重损害了身心健康。这样活着真是痛苦啊！

岂不知，有的事情须刻骨铭心，永世不忘；有的事情则要尽快淡忘，所谓事来则应，事去则净。哪些事该被淡忘？应淡忘人生中的挫折与不幸，应淡忘名利的得失，应淡忘岁月的伤痕，应淡忘别人对自己的伤害，应淡忘陈腐、过时的观念，应淡忘流言蜚语，应淡忘冷遇和种种烦恼。这样我们才能摆脱往事的阴影，保持随缘常乐的状态。否则，如果纠缠于昔日的痛苦中，时间长了，定会损坏身心健康，导致疾病。加州大学一篇保健资料提出：半数以上的早老性痴呆和80%左右的恶性肿瘤都与生活中的负性事件及不良信息有关。因此，我们有必要学会淡忘那些负性事件及不良信息，学会保护自己的心理健康。

因此，《大般若经》告诉我们："虽行布施，而不希求施所得果，……虽有所作而无执著。"近代高僧印光法师也劝告我们："在凡夫地，谁无烦恼？须于平时预先提防，自然遇境逢缘，不至卒发。纵发，亦能

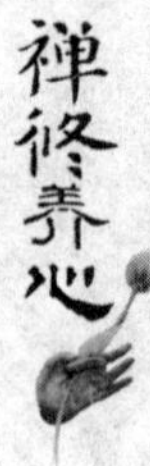

顿起觉照，令其消灭。……至于横逆一端，须生怜悯心，怜彼无知，不与计较。又作自己前生曾恼害过彼，今因此故，遂还一宿债，生欢喜心，则无横逆报复之烦恼。……金不练不纯，刀不磨不利。不于烦恼中经历过，一遇烦恼之境，便令心神失所。能识得彼无什势力，其发生劳扰心神者，皆吾自取。经云：若知我空，谁受谤者？今例之云：若知我空，烦恼何生？古云：万境本闲，唯心自闹；心若不生，境自如如。”如此，则能少生烦恼，淡化烦恼，心境平和愉悦，久而久之，则能不为烦恼所动，犹如中流砥柱，宠辱不惊，处之泰然。有了这份修养和快乐，就是人生的成功。谁不愿拥有一个不为烦恼所动的快乐人生呢？

所以，人生短暂，何必对过去的痛苦耿耿于怀呢？何必要自己伤害自己呢？对我们最有害的是怀恨、不满和烦恼，如果把怀恨、不满和烦恼融化，甚至可以使癌症痊愈。我们一定要对过去网开一面，宽恕所有的人；而宽恕别人，就是爱护自己，是真正、彻底地爱护自己。要知道，最有力量的是宽恕，是慈悲；最有力量的是“当下”，不是过去，也不是将来。我们当下就可以改变自己，可以淡忘不快，可以消解烦恼，可以使我们的生活充满祥和与友爱。这一切其实就在当下的一转念之间：你不妨想想，以下哪一句是你常说的：

“所有的人对我都不怀好意。”

“所有的人对我都有很大帮助。”

那么，什么事情须刻骨铭心，永世不忘呢？是别人对自己的恩德！所谓：人对我有恩不可忘，我对人有恩不可不忘。“虽行布施，而不希求施所得果，……虽有所作而无执著。”为何要牢记别人对自己的恩德？因为要随缘报恩。猫、狗之类尚且知道报恩，何况人类？不知报恩如何做人？故佛家提倡上报四重恩：祖国恩；父母恩；师长恩；众生恩。

那么，为何又要淡忘自己对别人的恩德呢？因为念念不忘所施之恩，就意味着时刻期待别人的回报，其心态近似于放高利贷者。一旦对方不报答，或报答得不够，势必恨从心起，大骂其“白眼儿狼”、没良心。于是，烦恼丛生，反目为仇，善缘竟成恶缘。这可真是划不来！所以应虽行布施而不求回报，作而不执。这就是智慧。有了这种智慧，就能度过烦恼的激流，到达无忧、安乐的彼岸。

淡忘不快，作而不执，这是智慧、洒脱，也是审美：

瘦竹长松滴翠香，流风疏月度炎凉，
不知谁住原西寺，每日钟声送夕阳。

对错怪或伤害过自己的人，我们的心灵不要被仇恨、烦恼所蒙蔽，怒火中烧、烦恼怨恨，对自己比对他人所造成的伤害，将有过之而无不及。因此，即使在不如意的环境中，也要努力营造一种充满欢乐与友爱的生活。那么，回想我们所恨的人的一些优点，念及他曾作过的一些好事，而对他拙劣的一面视而不见，如此怒气可能就会缓和下来，烦恼会烟消云散，心中会充满慈悲。

三、持忍让心，参宽容禅

佛陀说："能安忍之人，以安忍庄严其身，遇事皆能忍，安忍又为勤勉之人，所必有之行持。又修行之人，亦仗安忍之力，为自己之力，因安忍一事，能带来大福大乐。"

忍住内心的嗔狂

许多人都会在自觉与不自觉之间信奉着一个字——“忍”，虽然信奉“忍”字的人很多，然而真正了解它内涵的人却少之又少。许多人将一幅幅“忍”字悬挂于客厅、卧室、钥匙扣上，然而他们就像“叶公好龙”一般，喜欢的不是真“忍”，而是书画上的假“忍”。

“忍”的真正内涵是什么？《坛经》说：“自性建立万法是功，心体离念是德；不离白性是功，应用无染是德。”在很多时候，“忍”体现在“不嗔不狂、不嚣张”上，也就是制怒与戒嚣张两方面。

忍辱是制怒的一部分，在面对一些无理取闹之人的讽刺与侮辱时，能够释放于心外才能制怒。唐代著名的寒山禅师所做的一首《忍辱护真心》，显示出了他对忍辱的参悟与制怒的本领——

嗔是心中火，能烧功德林。
欲行菩萨道，忍辱护真心。

有记载说，寒山禅师曾问拾得禅师：“世间谤我，欺我，辱我，笑我，轻我，贼我，厌我，骗我，如何处置乎？”拾得禅师答到：“只是忍他，让他，由他，避他，耐他，敬他，不要理他，再待几年，你且看他。”寒山禅师点头称是，遂有此偈。

要知道，如果我们欲成就一番事业，就应该时刻注意学会制怒，不能让浮躁愤怒左右我们的情绪。著名的成功学大师拿破仑·希尔曾经这样说：“我发现，凡是一个情绪比较浮躁的人，都不能做出正确的决定。成功人士基本上都比较理智。所以，我认为一个人要获得成功，首先就要控制自己浮躁的情绪。”

在生活中我们经常看见很多人为了一点很小的事情而怒容满面，甚至与其他人大打出手，这是欲成大事者的大忌。我们每个人都避免不了动怒，愤怒情绪是人生的一大误区，是一种心理病毒。克制愤怒是人生的必修课，那些怒火横冲直撞而不加抑制的人是难成大器的。

“事临头，三思为妙，一忍最高。”你应当提高自己控制浮躁情绪的能力，时时提醒自己，有意识地控制自己情绪的波动。千万不要动不动就指责别人，喜怒无常，改掉这些坏毛病，努力使自己成为一个容易接受别人和被人接受，性格随和的人。只有这样的人才能成大事。

“摩诃”的力量

凡是对佛学有点研究的人都会听说过“摩诃”，那么何为“摩诃”呢？《坛经》给了我们一个很好地解释——“摩诃是大，心量广大，犹如虚空，无有边畔，亦无方圆大小，亦非青黄赤白，亦无上下长短，亦无嗔无喜，无是无非，无善无恶，无有头尾。”

若想通过修行达到“摩诃”的境界，首先就要丢掉意念中的自我，无法战胜自我的人是根本达不到“摩诃”境界的。

菩提达摩慕名前往拜见梁武帝，不想在那里失望而归。于是，渡过长江来到河南少室山，找了个山洞打坐面壁。那么达摩祖师在那里仅仅是面壁打坐吗？不，实际上他是在等待，天才的老师在等待天才的学生出现。

多年以后的一个冬天，下着大雪，有个年轻僧人来求教达摩。不过当他看到达摩，却不知该如何说起，只好默默站在漫天大雪之中，静静沉思。

当积雪已经没过他的膝盖，菩提达摩慢慢转过身：“你来干什么?”

年轻人回答：“我的心无法安宁，请老师您使它平静。”

“好，你把心拿来，我就会使它平静。”达摩提出一个奇怪的要求。

年轻人反思自己，试图寻找无法安宁的内心究竟在哪里，但是过了好久都没有找到：“老师，我找不到自己的心。”

“既然你找不到自己的心，”达摩说，“那么我已经使你的心平静了。”

年轻人恍然大悟，而这个年轻人正是达摩祖师要等待的学生——慧可。

慧可之所以不能“心安”，原因在于他内心有个“我”在。如果人只专注自我，那么他的内心就不可能获得平静。

现今社会人们越来越注重自我，要求摆脱外在束缚。这固然是好事，但是如果过分以自我为中心，那么内心的束缚将会带来更多的烦恼。如果，能做到心胸像天空一样宽广，那么偶然的烦恼就像朵朵白云，根本不会妨碍内心的空灵。

一位老和尚门下有两名徒弟。

一日饭后，老和尚的小徒弟在洗碗，失手打破了一只碗。大徒弟幸灾乐祸地跑到老和尚的禅房去汇报：“师傅，师弟刚刚打破了一只碗。”

老和尚手捻佛珠，双眼微闭，说道：“我相信你永远都不会打破碗的！”

宽广的胸怀是一种爱，更是一种智慧。它能够化解一切的愁苦烦恼，能够让别人愉悦，自己快乐。

18世纪的法国科学家普鲁斯特和贝索勒是一对论敌，他们关于“定比”这一定律争论了9年之久，各执一词，谁也不让谁。最后的结果，以普鲁斯特的胜利而告终。普鲁斯特成了“定比”这一科学定律的发现者。普鲁斯特并未因此而得意忘形，据大功为己有。他真诚地对曾经激烈反对过他的论敌贝索勒说：“要不是你一次次的质疑，我是很难把“定比定律”深入研究下去的。”同时，他特别向公众宣告，发现“定比定律”，贝索勒有一半的功劳。

这就是“摩诃”——允许别人反对，并不计较别人的态度，而充分看待别人的长处，并吸收其营养。人生中不尽如人意之事、烦恼、忧愁，甚至让我们恼怒、无法容忍的事情比比皆是，唯有用“摩诃”的力量将其化解才能达到圆满。

宁起百千贪心，不起一嗔恚

贪、嗔、痴、慢、疑，是世人受“苦”的根因，这五毒就像是潜藏于内心深处的五个心魔，这里我们重点说一说“嗔”。

嗔，即是怒火中烧。凡是遇到不如意的事情，世人总是会发脾气、不高兴，它是障道之祸首，所以经书上说“宁起百千贪心，不起一嗔恚。”

嗔怒，是一种极为强烈的情绪，有嗔怒习性的人，就像胸中有一股怒火，随时都准备爆发。

古时有一个久战沙场的将军，他厌倦战争，专程到大慧宗杲禅师处要求出家。

他对宗杲禅师说：“禅师，我现在已看破红尘，请禅师慈悲收留我出家，让我做你的弟子吧！”

宗杲禅师说：“你有家庭，有太重的社会习气，你还不能出家，慢慢再说吧!”

将军说：“禅师，我现在什么都放得下，妻子、儿女、家庭都不是问题，请您即刻为我剃度吧!”

宗杲禅师还是说：“慢慢再说吧!”

将军无法，第二天起了个大早，到寺里礼佛，大慧宗杲禅师一见到他便说：“将军为什么这么早就来拜佛呢?”

这位将军用禅语诗偈说道：“为除心头火，起早礼师尊。”

禅师也开玩笑地用偈语回道：“起得那么早，不怕妻偷人?”

将军一听，非常生气，骂道：“你这老怪物，讲话太伤人!”

大慧宗杲禅师哈哈一笑道：“轻轻一拨扇，性火又燃烧，如此暴躁气，怎算放得下?”

除却心头之火，不是嘴巴说放下就能放下的，“说时似悟，对境生迷”。习气也不是说改就能改的，别人轻轻一点怒火又起，其实是心未净。

嗔心不除，休言四禅八定。所谓火烧功德林，就是指人发脾气，便起了嗔恚之火，就把所有的功德都烧光了。除此之外，愤怒往往会波及他人、伤害他人。

人在愤怒时，常常难以自制，一旦失手，就是一生无法弥补的遗憾。所以，富兰克林说：“愤怒起于愚昧，终于悔恨。”

真正有智慧的人、有觉悟的人，即使遇到逆境，也决不会燃烧自己的功德，更不会不问青红皂白就发脾气。要修忍辱。能忍，尔后才有定；能定，尔后才有慧。通俗地说，就是提高情绪自制力，让激动和盛怒降温，直至彻底消失。

心净则嗔灭，这本身即是无量之功德；远离嗔火，莫因一时之嗔让悔恨与遗憾缠绕一生。

荣辱面前看修养

人，大多数有名利之心，与人争，与事争。如果能与人无争则人安，与世无争则事安；人、事皆无争，则世界亦安。

《四十二章经》说：“沙门问佛：何者多力？何者最明？佛言：忍辱多力，不怀恶故，兼加安健，忍者无恶，必为人尊。心垢灭尽，净无瑕秽，是为最明。未有天地，逮于今日，十方所有，无有不见，无有不知，无有不闻，得一切智，可谓明矣。”《摄论》卷二也说：“又能灭尽忿怒怨仇及能善住自他安隐故名为忍。”忍辱是体现了菩萨的涵养。它包括：耐怨害忍，是对于冤家仇人的种种无理非难能够忍受；安受苦忍，是对个人修行及度化过程所存在的种种恶劣条件，如身体病弱，天气冷热，衣食不具等，都能泰然处之；谛察法忍，是对与我们认识悬殊的真理，能认同接受。忍能使我们消除愤怒，一个人倘若充满憎恨心，缺乏忍的涵养，就会产生愤怒。具备忍的涵养，就不会有愤怒了。对于别人的伤害你能心平气和，和颜相向，就很难树立怨仇。因而忍的涵养又能使彼此和谐，内心安详。

佛陀常常警惕弟子，即使自己智慧圆融，更应含蓄谦虚，像稻穗一样，米粒愈饱满垂得愈低。真正的智慧人生，必定有诚意谦虚的态度；有智慧才能分辨善恶邪正，有谦虚才能建立美满人生。

修行最主要的目标即是无我。因为你能缩小自己、放大心胸、包容一切、尊重别人，别人也一定会来尊重你，接受你。唯其尊重自己的人，才更勇于缩小自己。缩小自己，要能缩到对方的眼睛里，耳朵里。既不伤害他，还要能嵌在对方的心头上。

一粒细沙就扎到脚，一颗小石子就扎到心，面对事情当然就担当不下去。不能低头的人是因为一再回顾过去的成就。看淡自己是般若，看重自己是执著。

众生有烦恼，是因为我执的关系。以“我”的自私心理为中心，以自我为大，不但使自己痛苦，也影响周围的人群跟着争执痛苦。忘我，才能于修身养性中，造就身心的健康以及幸福的人生观。

爱是人间的一份力量，但是只有爱还不够，必须还要有个“忍”——忍辱、忍让、忍耐，能忍则能安。

要做个受人欢迎的人，做个被爱的人，就必须先照顾好自我的声和色。面容动作、言谈举止，这都是在日常生活中修养忍辱得来的。

有钱也苦，没钱也苦，闲也苦，忙也苦，世间有哪个人不苦呢？说苦是因为他不能堪忍。愈是不能忍的人，愈是痛苦。娑婆世界又译成堪忍世界，意即要堪得起忍耐，才有办法在世间生存得更自在。忍不是最高的境界，能够达到看开忍，则会觉得一切逆境都是很自然的事。

做事，一定要秉持着“正”与“诚”的原则；而待人，则要以“宽”与“忍”的态度。要以超然的形态、宽大的心胸来容纳任何人。真正的圣人，既强又柔。他的强是柔中带刚，刚中带柔，柔能调服众生，刚能坚强己志。

佛陀不但教导众生修“慈忍”行，对儿子也教他坚持“慈忍”。佛告诉儿子：我的一切财产都要留传给你——国家的一切财产是有形的，有损减的；而我的财产是慈忍大法，是大觉智慧，可增长你无穷的福因及难量的法财。人人都能以“慈”、“忍”施行于家庭、于一切众生，人间便会常久散发着“透彻的爱”的光芒。

争，只能“为善竞争”、“与时日竞争”——一旦它的对象从自我投

射到别人身上的时候，它就成为一个很不安的事，一件很痛苦的事了。

竞争孕育了伤害的因子。只要有竞争，就有上下之别、前后之分、得失之念、取舍之难，世事也就不得安宁了。不争的人才能看清事实。争了就乱了，乱了就犯了，犯了就败了。要知道，普天之下，并没有一个真正的赢家。人们往往就是太执著，而有分别心。是你，是我，划分得清清楚楚，以致我爱的拼命去求、去争、去嫉妒，心胸狭窄，处处都是障碍。一般人常言：要争这一口气。其实真正有修养的人，是把这口气咽下去。培养好自己的气质，不要争面子。争来的是假的，养来的才是真的。

好以口快斗，是后皆无安

嘴巴，可以是吐放剧毒的蝎子，令人生畏远避，也可以像柔软香洁的花苑，散发清香和喜悦，为人间邀来翩翩的彩蝶。留一张口，说赞美的言辞赞美天地，赞美所有的人……赞美，像雨后的彩虹，黑夜的萤火，虽然是惊鸿一瞥，却是久久的激荡回味。《法句经·言语品》上说：“誉恶恶所誉，是二俱为恶。好以口快斗，是后皆无安。”《吉祥经》也说：“言谈悦人心，是为最吉祥。”

人的脸孔上，有两个眼睛，两个耳朵，两个鼻孔，却只有一张嘴巴，这奇妙的组合，蕴涵着很深的意义，就是告诫人们要多听，多看，少说。

《伊索寓言》中有句名言：“世界上最好的东西是舌头，最坏的东西还是舌头。”中国还有句谚语：背后骂我的人怕我；当面夸我的人看不起我。因此，人要懂得“祸从口出”的道理，管住自己的舌头。

范睢在卫国见到秦王，尽管秦王求教再三，他都沉默不语；诸葛亮在荆州，刘琦也是多次请教，诸葛亮同样再三不肯说。最后到了偏僻的一座阁楼上，去了楼梯，范睢和诸葛亮才分别对秦王和刘琦指示今后方向，所以历史上的“去梯言”，就表示慎言的意思。

东晋时代的王献之，一日偕同两个哥哥王徽之、王操之，一起去拜访东晋当代名人谢安。徽之、操之二人放言高论，目空四海，只有献之三言两语，不肯多说。三人告辞以后，有人问谢安，王家三兄弟谁优谁劣？谢安淡淡说道：慎言最好！

现代的人喜欢信口雌黄，好谈论是非，大放厥词，说三道四，谬发议论。有时候，甚至危言耸听、标新立异、故弄玄虚、轻口薄言、冷语冰人；说话如剑，到处制造口业，所以让人感到世间上，唯哑巴是最慎言的人，也

是最不制造口业的人。

人生，有人喜欢饶舌，但也有人习惯于慎言。饶舌的人常常会吃亏；慎言的人，比较不容易受到伤害。

一天，一个人急急忙忙地跑到某哲学家那里，说：“我有个消息要告诉你……”

“你先等等，”哲学家说，“你要告诉我的消息，用三个筛子筛过了吗？”

那人不解地问：“三个筛子？哪三个筛子？”

哲学家告诉他说：“第一个筛子是真实，第二个筛子是善意，第三个筛子是重要。”

接着，哲学家问：“你说的消息是真实的吗？”

“不知道，我是从街上听来的。”

“你要告诉我的消息就算不是真实的，也应该是善意的吧？”

“不，刚好相反。”那人踌躇地回答。

“那么，我们再用第三个筛子。请问，使你如此激动的消息很重要吗？”

那人不好意思地回答：“并不怎么重要。”

哲学家说：“既然你要告诉我的消息，既不真实，也非善意，更不重要，那么就请你别说了吧！这样的话，它就不会困扰我和你了。”

有时候，我们着急要告诉别人的事情，也像这个人要告诉哲学家的消息一样，对自己对别人一点儿好处也没有。如果我们先用“真实、善意、重要”这三个筛子过滤一下我们要说的话，我们就会发现，很多话其实根本不必说，也不用说。

语言是一把双刃剑，当我们兴冲冲地去对别人说三道四时，我们自己本身也会受到伤害，只是我们自己没有发现而已。学习掌管好自己的舌头吧，不要让它任意妄为。你会发现：如果你喜欢在言辞上与别人争斗，你永远也得不到安宁；当你管好自己的嘴，你就能管好自己的生活。

牛角尖钻不得

世界上有许多人在做事情的时候常钻“牛角尖”，也就是人们常说的偏执。当然，谁也不能否认偏执有很大的正面作用——火药、电灯、蒸汽机……一系世界上最伟大的发明便是源于偏执的追求；然而任何人也绝不能忽略偏执所带来的负面作用——失败与毁灭。

《坛经》上说“心若住法，名为自缚”，偏执显然是束缚我们思维发展的罪魁祸首；《坛经》还给我们指出了一个正确的处理办法，那就是“心不住法，道即通流”——如果自己在主观上对一切事物和现象都不执著，这就是道的流动畅通。

宋代名僧思净禅师曾做过一首名为《答或问》的禅偈，告诫人们并非偏执才能解决问题，运用他法亦能将事情办好——

平生只解念弥陀，不解参禅可奈何？
但得五湖风月在，太平何用动干戈！

偏则不全，执则不灵；不正常的形态大多始于偏见，不协调的意象多半来自偏执。偏执往往让我们的思想执迷其中不能自拔，故而显得越发狭隘，不能产生建树。

陆亘大夫爱好佛法，有一天他特意向南泉禅师请教问题：“从前有人在瓶子里养了一只鹅，后来这只鹅逐渐长大，瓶子里面装不下了。现在既不能毁了瓶子，又不能伤了鹅，你能不能把鹅弄出来?”

南泉禅师突然叫他的名字：“陆亘!”

陆亘习惯地回应：“在。”

南泉禅师淡然道：“鹅已经出来了。”

这位大夫在和南泉禅师打什么哑谜呢?

我们在思想的范围下长大，然而却慢慢发现思虑反而障蔽了自身思维的发扬，这便是陆亘的疑惑。而南泉禅师正是看出了这点，特意在陆亘没有准备的情况下称呼他的名字，知道陆亘必定会应然作答。此举，自然是南泉禅师点拨陆亘最好的办法。

偏颇叫人高估自己，成见让人低估对方，固执使人错估一切。

生活中存在许多固执的人，但固执不同于偏执。适当的固执，为人平添一份可爱的“原则美”，而偏执往往容易把人生打成死结，既伤害自己，同样也伤害了他人。

寓言故事中曾经有这么一则故事，看似很好笑，但却意味深长——

有个人性格非常固执，只要是他认定的事情别人再怎么说，他依然坚持他的看法。

有一天他看到了姜，但却不知道如何种植姜，便想当然地认为姜是从树上结的。

他经常和人谈论此事，有人纠正他说：“姜是长在土里的，根本不是树上结的。”这个人听了却不以为然。后来又碰到纠正他错误的那个人，两人又争论不休，为此他指指他身旁的毛驴，对那个人说：“我愿意用我这头驴打赌，咱们找十个人作裁判，如果我输了毛驴给你，你输了只认错就可以了。”他便找了十个不同的人分别询问姜是长在哪里，结果都确定是长在土里的。他哑口无言，最后把驴交给了那个人说：“驴子给你，但姜还是长在树上的，有一天我会证明给你看，把我的驴子要回来的!”说着头也不回地走了。

偏执的人往往自以为是，听不进别人的意见，只想让别人接受自己的观点。同时，会有一种盲目的自我崇拜心理，以为自己处处都比别人高明，自觉不自觉地把自己凌驾于他人之上，这种人很难让人接近，也很不容易成“气候”。

无固则大，无我则久；执中两得，偏一两倾；短不可护，护则终短；长不可矜，矜则不长；见树不见林，愚；知偏不知全，固；要因事对人，勿因人对事；应就事论事，不就人取事。能做到这些，才可求得内心一方的宁静，才可称之为一个理智的、成熟的、值得信赖的人。

从小事中磨炼心性

一位老妇人脾气十分怪癖，经常为一些无关紧要的小事大发雷霆，而且生气的时候说话很刻毒，常常无意中伤害了很多人。因此，她与周围的人都相处得不太和谐。她也很清楚自己的脾气不好，也很想改，可是火气上来时，她就是没有办法控制自己。

一次，朋友告诉她："附近有一位得道高僧，为什么不去找他为你指点迷津呢?说不定他可以帮你。"她觉得有点道理，于是就抱着试一试的态度去找那位高僧了。

当她向高僧诉说自己的心事时，态度十分恳切，强烈地渴望能从高僧那儿得到一些启示。高僧默默地听她诉说，等她说完，就带她来到一座禅房，然后锁上门，一言不发地离去了。

这位老妇人本想从禅师那里得到一些启示的话，可是没有想到禅师却把她关在又冷又黑的禅房里。她气得直跳脚，并且破口大骂，但是无论她怎么骂，大师都不理睬她。老妇人实在受不了了，于是开始哀求大师放了她，可是大师仍然无动于衷，任由她自己说个不停。

过了很久，禅师终于听不到房间里的声音了，于是就在门外问："你还生气吗?"

老妇人恶狠狠地回答道："我只是生自己的气，很后悔自己听信别人的话，干嘛没事找事地来到这种鬼地方找你帮忙。”

禅师听完，说道：“你连自己都不肯原谅，怎么会原谅别人呢?”说完转身就走了。

过了一会儿，高僧又问：“还生气吗?”

老妇人说：“不生气了。”

“为什么不生气了呢?”

“我生气又有什么用?还不是被你关在这又冷又黑的禅房里吗?”

禅师有点担心地说：“其实这样会更可怕，因为你把气全部压在了一起，一旦爆发会比以前更强烈的。”于是又转身离去了。

等到第三次禅师来问她的时候，老妇人说：“我不生气了，因为你不值得我生气。”

“你生气的根还在，你还是不能从气的漩涡中摆脱出来!”禅师说道。

又过了很久，老妇人主动问禅师：“大师，您能告诉我气是什么吗?”

高僧还是不说话，只是看似无意地将手中的茶水倒在地上。老妇人终于明白：原来，自己不气，哪里来的气?心地透明，了无一物，何气之有?

心里没有气，还怎么会生气呢?其实生气不仅我们自己痛苦，身边的人也跟着一起痛苦；生气时口无遮拦，什么都说，有些话会深深刺痛爱我们、关心我们的人。

也许大家都听过“钉子的故事”：

一个男孩脾气很坏，他的父亲给了他一袋钉子，并且告诉他，每当你发脾气的时候就钉一根钉子在后院的围篱上。

第一天，这个男孩钉下了40根钉子；渐渐地每天钉下的钉子数量减少了，他也慢慢地发现控制自己的脾气要比钉下那些钉子来得容易些。

终于有一天，这个男孩再也不乱发脾气了。

父亲又告诉他，从现在开始，每当他自己能控制自己脾气的时候，就拔出一根钉子。

日子一天天地过去了，最后男孩告诉他的父亲，他终于把所有钉子都拔出来了。

父亲拉着他的手来到后院，说：“你做得很好，我的孩子。但是看看那些围篱上的洞，这些围篱将永远不能恢复成从前的样子了。你生气的时候说的话，将像这些钉子一样留下疤痕。如果你拿刀子捅别人一刀，不管你说多少次对不起，那个伤口将永远存在。话语的伤痛就像真实的伤痛一样令人无法承受。”

男孩终于明白了父亲的良苦用意，从此之后脾气变得很好，待人待事都很温和、宽容。

所以佛祖告诫我们：“嗔心一起，于人无益，于己有损；轻亦心意烦躁，重则肝目受伤。”

所以，害人害己的事我们何必去做？只为生活中所遇的一点小事就大发雷霆，那是愚人的行为。

我们不能做一个聪明人，但至少不要去做一个愚人。把生活中不如意的一些小事看得淡一点，并能在静观中有所收益，悟得生活中的种种禅机，我们就不会活得太累，活得不开心。

宽容是一种美

宽容是一种美，因为有了宽容才使许多人有了浪子回头的决心。因为宽容才使那颗犯错的心有了安全的回旋余地。当你选择宽容时，你就给了这个世界无比的荣耀。而你将得到这世界最美的祝福。禅者说："量大则福大。"就是在说因为你有一颗宽容的心，所以，能获得最大的福缘。

一天晚上，一位老禅师在寺院里散步，忽然发现墙角边有一张椅子，一看就知道有出家人违犯寺规翻墙溜出去了。

这位老禅师不动声色地走到墙角边，把椅子移开，就地蹲着。没过多久，果然有一位小和尚翻墙进来，他不知道下面是老禅师，于是在黑暗中踩着老禅师的脊背跳进了院子。

当他双脚落地的时候，突然发现自己原来踩的不是椅子，而是老禅师。小和尚顿时惊慌失措，呆若木鸡般地站在那里，心想："这下糟糕了，肯定要被杖责了。"但是，出乎小和尚意料的是，老禅师并没有厉声责备他，只是平静而关切地对他说："夜深天凉，快回去多穿点衣服吧。"

老禅师宽恕了小和尚的过错。因为他知道，此时此刻，小和尚已经知错了，那就没有必要再饶舌训斥了。之后，老禅师也没有再提及这件事，可是寺院里的所有弟子都知道了这件事，从此以后，再也没有人夜里翻墙出去

闲逛了。

这就是老禅师的度量，他给犯过错的弟子提供反省的空间，使其悔悟，自戒自律，所以宽容也是一种无声的教育。

宽容地对待别人的过错，这是何等的胸怀。学会宽容，是一种美德、一种气度，因为你能容得他人不能容，所以你也必将拥有了别人不能拥有的。

古人云：金无足赤，人无完人。宽容是一剂良药，医治人心灵深处不可名状的跳动，滋生永恒的人性之美。我们不仅要宽容朋友、家人，还要宽容我们的敌人、对手。在非原则性的问题上，以大局为重，你会体会到退一步海阔天空的喜悦，化干戈为玉帛的喜悦，人与人之间相互理解的喜悦。要知道你并非踯躅单行，在这个世界上，虽然人们各自走着自己的生命之路，但是纷纷攘攘中难免有碰撞。如果冤冤相报，非但抚平不了心中的创伤，还将伤害捆绑在无休止的争吵上。

有这样一则故事：一位妇人同邻居发生纠纷，邻居为了报复她，趁夜偷偷地将放了一个骨灰盒放在她家的门前。第二天清晨，当妇人打开房门的时候，她深深地震惊了。她并不是感到气愤，而是感到仇恨的可怕。是啊，多么可怕的仇恨，它竟然衍生出如此恶毒的诅咒!竟然想置人于死地而后快!妇人在深思之后，决定用宽恕去化解仇恨。

于是，她拿着家里种的一盆漂亮的花，也是趁夜放在了邻居家的门口。又一个清晨到来了，邻居刚打开房门，一缕清香扑面而来，妇人正站在自家门前向她善意地微笑着，邻居也笑了。

一场纠纷就这样烟消云散了，她们和好如初。

宽容敌人，除了不让他人的过错来折磨自己外，还处处显示着你的纯朴、你的坚实、你的大度、你的风采。那么，在这块土地上，你将永远是胜利者。只有宽容才能愈合不愉快的创伤，只有宽容才能消除一些人为的紧张。学会宽容，意味着你不会再心存芥蒂，从而拥有一分流畅、一分潇洒。

在生活中我们难免与人发生摩擦和矛盾，其实这些并不可怕，可怕的是我们常常不愿去化解它，而是让摩擦和矛盾越积越深，甚至不惜彼此伤害，使事情发展到不可收拾的地步。用宽容的心去体谅他人，真诚地把微笑写在脸上，其实也是善待我们自己。当我们以平实真挚、清灵空洁的心去宽待对方时，对方当然不会没有感觉，这样心与心之间才能架起沟通的桥梁，这样我们也会获得宽待，获得快乐。

一个人能否以宽容的心对待周围的一切，是一种素质和修养的体现。大多数人都希望得到别人的宽容和谅解，可是自己却做不到这一点，因为总是把别人的缺点和错误放大成烦恼和怨恨。宽容是一种美，当你做到了你就是美的化身。

善意地对待他人的不足和缺点

在所有人类的美德里面，宽容从来都是排在前列的。《优婆塞戒经·自他庄严品》上说："怨亲等苦，先救怨者。见有骂者，反生怜悯。"《马太福音》第五章也说："不要与恶人作对，有人打你的右脸，连左脸也转过来由他打。"这也许是一种境界，我们自忖德薄才浅，做不到，但是对做个"仁义之士"，还是心向往之的。

所谓"宽以待人"就是善意地对待别人的不足和缺点。因为无论再怎么看起来很完美的人，身上都有一些缺点，有的缺点甚至在别人看来难以接受。明朝有位学者说过这样的话："人有不及者，不可以己能病之。"也就是说，看到别人的缺点、不如自己的地方，不能因为自己这一点比别人强，就自视过人甚至看不起对方。

每个人都会犯错，包括自己，可是我们往往能很快原谅自己，却无法原谅别人。这种原谅自己却不原谅别人的行为是软弱的表现，因为你只敢面对自己的过错，却无法面对别人的。每个人都有犯错的时候，有的错误还是无意间造成的，是无心的。如果换个角度想想，你是那个犯错的人，是不是希望你"得罪"的那个人能原谅你？如果对方原谅你，你的心情又是怎样的？对人要有宽容之心，有的时候对方的做法可能不是有心的，是无意的冲动行为。知道他不是有心的，就不要把这件事再放在心里，而应该忘了它。

二战期间，一支部队在森林中与敌军相遇。激战后，两名来自同一个小镇的战士默利和菲利普与部队失去了联系。

两人在森林中艰难跋涉，他们互相安慰、互相鼓励。十多天过去了，仍未与部队联系上。这一天，他们打死了一只鹿，依靠鹿肉又艰难度过了几天。可也许是战争使动物四散奔逃或被杀光，这以后他们再也没看到过任何动物。他们仅剩下的一点鹿肉，背在年轻战士默利的身上。这一天，他们在森林中又一次与敌人相遇，经过再一次激战，他们巧妙地避开了敌人。

就在自以为已经安全时，只听一声枪响，走在前面的默利中了一枪——幸亏伤在肩膀上！后面的菲利普惶恐地跑了过来，他害怕得语无伦次，抱着战友的身体泪流不止，并赶快把自己的衬衣撕下包扎战友的伤口。

晚上，未受伤的菲利普一直念叨着母亲的名字，两眼直勾勾的。他们都以为自己熬不过这一关了，尽管饥饿难忍，可他们谁也没动身边的鹿肉。天知道他们是怎么过的那一夜。第二天，部队救出了他们。

时隔30年，那位受伤的战士默利说："我知道谁开的那一枪，他就是我的战友。当时在他抱住我时，我碰到他发热的枪管。我怎么也不明白，他为什么对我开枪。但当晚我就宽容了他。我知道他想独吞我身上的鹿肉，我也知道他想为了他的母亲而活下来。此后30年，我假装根本不知道此事，也从不提及。战争太残酷了，他母亲还是没有等到他回来，我和他一起祭奠了老人家。那一天，他跪下来，请求我原谅他，我没让他说下去。我们又做了几十年的朋友，我宽容了他。"

即使一个非常宽容的人，也往往很难容忍别人对自己的恶意诽谤和致命的伤害。但唯有以德报怨，把伤害留给自己，才能赢得一个充满温馨的世界。释迦牟尼说："以恨对恨，恨永远存在；以爱对恨，恨自然消失。"

面对那些无意的伤害，宽容对方会让对方觉得你心胸的博大，可以消除无心人对你造成伤害后的紧张，可以很快愈合你们之间不愉快的创伤。而面对那些故意的伤害，你博大的心胸会让对方无地自容，因为宽容对方则体现出的是一种境界。宽容是对怀有恶意者最有效的回击，不管别人有意还是无意伤害了你，其实他的内心也会感到不安和内疚，或许是因为碍于所谓的"面子"而不肯认错，而你的宽容就会使彼此获得更多的理解、认同和信

任。自己也有犯错的时候，并会因为犯错觉得担心，不知所措，希望对方能原谅自己，同时也会对自己的缺点忐忑，不希望被别人看不起。所以就要站在对方的角度考虑，当自己遇到不原谅别人错误的人会怎么想。

事事计较是不会有什么结果的，已经发生了的事情不会有任何改变，也不能扭转任何已经发生了的事情。以宽容的态度待人，以理解作为基础，站在客观的角度给人评价，可以从别人身上学到自己所没有的长处和优点，也能使自己对对方的不足给予善意的充分理解。在日常生活中，时不时都会有如何要求别人的时候，还有如何对待自己的问题。能否把握好一个律己和待人的态度，不仅能充分反映出一个人的修养，还能培养与人之间的良好关系。

在一次为战功彪炳的将军举办的鸡尾酒会上，一位年轻的士兵被选出来，专门伺候将军。音乐响起，这位士兵开始斟酒，但因敬畏和过度的紧张，反而不小心把酒洒到了将军那光秃秃的头上。

一时，整个酒会上的气氛立刻僵住了，士兵更是不知所措，其他的军官忍不住发怒嘀咕："这个糟糕的家伙，明天肯定会被关禁闭。"

只见将军拿起餐巾，擦着秃头，笑着对大家说："各位，这位老弟实在用心，只是这种疗法，就可使我长出头发来吗？"

话一说完，全场爆笑，只有那个脸色发白的士兵，含着热泪，满怀感激，傻傻地注视着将军。

唯宽可以容人，唯厚可以载物；有容乃大，不容无物。几句风趣话，多少宽容心。这位将军的伟大，显然不是霸功，而是大度。

当犯错的人是你自己的时候，都渴望得到别人的谅解，得到别人的支持。同样地，当你面对的是一个犯错的人时，对方也抱着这样的心情。所以，打开你心里的那扇窗户吧！你会发现，当你对别人表示宽容的同时，也会得到同样的回报，而你的朋友会越来越多。

宽恕别人得益的是自己

没有人不会犯错，而知道自己犯了错的人最希望得到别人的宽恕和谅解。假如别人希望在自己犯错之后求得你的谅解，你是否能够给他一次改过的机会？这便是你选择做一个宽容的人还是做一个苛刻的人的机会。

释迦在世时，弟子中出了一名叛徒。这个背叛者是释迦的堂兄弟提婆。

提婆妒忌释迦的名声，屡次设计要杀害他都终告失败。释迦一次次宽恕了他，不过他这个人却恶劣成性，始终不改。有一次，尼僧法施谆谆告诫他，却惹得他凶性大发，杀死了法施。

然而，一重又一重的恶行积压下来，终使提婆不堪良心的谴责而病倒了。病床上的提婆每天都过得极忧烦痛苦，非常希望有什么方法能减轻身心上的折磨。于是他拖着病体，乘了一顶舆轿到释迦那儿去，想要向他忏悔自己的罪过。

然而当舆轿一着地，大地就刮起了一阵大风，而提婆也就活生生被打入阿鼻地狱去了。

释迦的一名弟子见状非常不忍，就对释迦说："我想救救提婆。"

释迦说："很好，可是有一点要注意，你要以正心说教，让他彻底改过。因为要让恶人幡然悔悟，实比在枯木上雕刻还难。"

这名弟子即刻赶往提婆那儿。只见提婆正痛苦地挣扎着，提婆见了他，就哀求他说："我的痛苦就好像被铁轮辗碎了身子，被铁杵痛捣身体，被黑象践踏，把脸投向火山一样，请快来救我!"

弟子答："赶快皈依我佛吧！如此就可以得救。"

说完，所有的痛苦都化为乌有，提婆也痛悔前非，自心底深深悔改。

释迦用宽广的心胸原谅了提婆的过错，包容了他的无礼，这就是宽恕！人们犯错是一种平常，而用宽容的心对待别人的冒犯却是一种超常。

佛陀常常告诫弟子们，"比丘常带三分呆"，就是要弟子们大智若愚，凡事不要太计较，即使遭到了别人的无礼也要宽恕他们，因为宽恕别人，也是升华自己。

宽恕，是一种净化。当我们手捧鲜花送给他人时，首先闻到花香的是我们自己；而当我们抓起泥巴想抛向他人时，首先弄脏的就是我们自己的手。

宽恕别人并不困难，但也不容易，关键是看我们的心灵是如何选择的。

美国前总统林肯少年时期曾在一家杂货店打工。有一次，一位顾客的钱包被另一位顾客拿走了，丢了钱包的顾客认为钱是在店中丢的，所以杂货店应当负责，便与林肯发生了争执。而杂货店的老板却为此开除了林肯，老板说："我必须开除你，因为你令顾客对我们店的服务很不满意，因此我们将失去许多生意，我们应该学会宽恕顾客的错误，顾客就是我们的上帝。"

林肯一直都不接受这位顾客的无理和原谅老板的不通情理，但是很多年以后，做了总统的林肯却意味深长地说："我应该感谢杂货店的老板，是他让我明白了宽恕是多么的重要。"

宽恕别人，就是善待自己。仇恨只能永远让我们的心灵生存在黑暗之中；而宽恕，却能让我们的心灵获得自由，获得解脱。

其实，宽恕别人的过错，得益最大的是我们自己。曾有这样一个案例，荷兰的一所著名大学的研究人员组织了一批志愿者做了一项有关"宽恕"的实验。

志愿者们被要求想象他们被人伤害了感情，并反复"回忆"被伤害时的情景。研究人员发现，此时的志愿者在身体上和精神上的压力同时加大，伴随着血压升高，他们心跳加快、出汗、面部表情扭曲。之后，研究人员又要求他们停止想自己被别人伤害的事情，虽然没有刚才的生理反应大，但是某些生理症状却依旧存在。最后，志愿者被要求想象已经原谅了自己的“假想敌”，这时，志愿者感到身心放松并且非常愉快。

这样，研究人员得出结论：宽恕别人，不意味着为犯错的人找借口，而是将目光集中在他们好的方面，从而把自己从痛苦中拯救出来。这正应了那句话：不要拿别人的错误来惩罚自己。

佛陀说：“对愤怒的人，以愤怒还牙，是一件不应该的事。对愤怒的人，不以愤怒还牙的人，将可得到两个胜利：知道他人的愤怒，而以正念镇静自己的人，不但能胜于自己，也能胜于他人。”

这就是宽恕的力量。

退一步海阔天空

从前有个又穷又愚的人，在一夕之间突然暴富了起来。但是有了钱，他却不知道如何来处理这些钱。

他向一位和尚诉苦，这位和尚便开导他说：“你一向贫穷，没有智慧，现在虽有了钱，可是依然没有智慧。你进城里去，那里有不少有大智慧的人，你出百把两银子，别人就会教你智慧之法。”

那人真的去了城里，逢人就问哪里有智慧可买。

有位住持告诉他：“你倘若遇到疑难的事，且不要急着处理，可先朝前走七步，然后再后退七步，这样进退三次，智慧便来了。”

“‘智慧’就这么简单吗?”那人听了将信将疑。

当天夜里回家，他推门进屋，昏暗中发现妻子居然与人同眠，顿时怒起，拔出刀来便要砍下。这时，他忽然想起白天买来的智慧，心想：何不试试?

于是，他前进七步，后退七步，又前进七步，然后，点亮了灯光再看时，竟然发现那与妻子同眠者原来是自己的母亲。

人们往往在受到外界刺激时，容易头脑发热，怒火中烧，于是失去理智，意气用事，以致害人害己，将人生置于无可追悔的地步。而且大多数人认为蒙辱不争、不斗，就是懦夫、软蛋、胆小鬼、窝囊废，让人瞧不起。所以，普通人对侮辱的承受能力是很小的，很多人在受到侮辱时的应激反应，不是反唇相讥，就是以命相拼，打个你死我活，只要挣回了面子就好，后果如何，很少有人去想。

某人在广告公司谋事，由于年轻易冲动，便轻易地得罪了经理。于是，在以后的日子里，每次开会他都自然而然成为会议的第一主题——挨批。被批得面目全非的他，真想一走了之。但是他转念一想，如果真的走了，一些罪名不光洗不清，而且会被蒙上厚厚的污垢。再者，这是一家很有名气的广告公司，自己完全可以从中源源不断地得以“充电”。于是他坚持留下来，整理好乱七八糟的心情，低头实干，以兢兢业业的工作为自己疗伤，以实实在在的业绩回击谎言。一笔又一笔的业务，增添了他的信心，也让他积攒下了许多经验财富。坦率地讲，最重要的是，从中总结出“给车胎放气”的处世哲学，使他终生受益。

这世界本来就那么大，每个人只拥有一小片天，但是世界有时又很小，每个人都可能拥有整个宇宙。这取决于人在看世界时的情绪。

宋初名士高防，其父高从战死沙场，他从16岁起被澶州防御使张从恩收养，后来做了军中的判官。

有一次，一个名叫段洪进的军校偷了公家的木头打家具，被人抓住。张从恩大怒，下令处死段洪进以警世人。为了活命，段洪进编造谎言，说是高防让他干的。张从恩问高防是否属实，他为救人一命就屈从了，结果段洪进免于一死，可张从恩从此不再信任高防，并把他辞了，打发他回家。高防未做任何解释，便辞别了恩人独自离开了。直到年底，张从恩的亲信查清了事情的真相，这才明白，高防是为了救段洪进一命，代人受过。从此，张从恩更信任高防。

高防这样做，是大忍。一是忍屈认罪，牺牲了自己的名声；二是忍冤不辩，牺牲了为自己洗刷清白的机会；三是忍苦不诉，牺牲了自己的职务和

恩人的信任，被撵回家。在这一事件中，高防不仅尊重他的统帅和恩人，也给犯有过错的人以生存机会和空间，而自己却失去了原有的一切。但云开雾散之后，高防不但没有丧失自己的生存空间，而且获得了更多人的尊重。

漫漫人生路，有时退一步是为了踏越千重山，或是为了破万里浪；有时低一低头，更是为了昂扬成擎天柱，也是为了响成惊天动地的风雷；低一低头，即便今日成渊谷，即便今秋化作飘摇落叶，明天也足以抵达珠穆朗玛峰的高度，明春依然会笑意盎然，傲视群雄。

做事常念静与思，莫让前进反成退。

有容人之量才可成就大业

盘珪禅师是一代名师，教育出很多高超的僧才。一次，他收了一位由于家里无法管教而希望借由佛法的熏陶使之改过向善的坏孩子当徒弟。没想到这孩子到了寺庙，依旧我行我素，时常偷寺中的古董去典当花用。弟子们怕影响寺庙的声誉，立刻向盘珪禅师报告。过了几天，禅师却没有表示有处理之意，而那孩子依旧无恶不作。弟子们实在看不过去了，便再次向禅师要求马上开除这个孩子，否则的话，他们将立即集体离开这个寺庙。这时，盘珪禅师闭着眼睛安详地说：“如果你们一定要离开这里，那么我不为难你们，请离开吧!”弟子中有人大感意外地问：“您为什么不开除那为非作歹的坏孩子，而要牺牲我们呢?”禅师睁开眼睛说：“你们在我这儿修行已有数年，稍有见地，就是离开这里，也可以外出自立门户；倘若这孩子被我们开除了，那他将无处安身。”弟子们恍然大悟，了解了师父的用心，羞愧之余，立即向师父道歉。

禅师以一颗宽容善良的心感动了弟子们，也教育了弟子们，向弟子们展示了一代禅师的胸怀。

一个人的一生中不可能没有失误，也不可能不犯错误，能容人之错，使之有改过之机，则可谓贤者。因为贤，所以会有许多人跟从他。世间万物，有容乃大，一个人有容人之量，则可成就大业。

以本田宗一郎来说吧，他不仅是一位著名的企业家，而且是一位不断完善自己和周围人的德行的人。他通过实施一套独特而又恰当的管理方法，激发了职员们不怕失败、敢于向自我挑战的勇气。

1954年4月，宗一郎将自己亲自制定的《我公司之人事方针》发表在公司的报纸上，公开表示要关心职工，并和他们交朋友，聆听他们的意见，让职工拥有充分的自由，有和干部辩论的权利……

1959年，宗一郎开始了迈向世界的第一步，创办了“美国本田技研工业公司”。川岛被任命为公司的负责人，时年39岁，还有两名年轻的助手分别为小林隆幸和山岸昭之。对川岛一行的这次出征，本田公司的领导层内担心者不在少数。但宗一郎对川岛等深信不疑。然而，川岛一行出师不利，在前6个月的时间里，收效甚微，仅仅售出200台摩托车，且未收到货款。

宗一郎得悉这一消息后，没有对川岛一行严厉斥责，而是提示他们了解美国摩托车市场的交易规律，还有美国居民的消费心理，改变营销策略，继续开展业务。到了1961年年底，本田公司在美国已拥有500家销售点，进军美国市场已初见成效。

给年轻人提供施展才能的机会，不怕他首战失利，也不怕暂时的利益亏损，重要的是激发他的潜能，运用他的聪明才智，为企业发展注入新鲜活力，是本田宗一郎一贯的用人思想。与那些只重眼前利益、唯恐亏损的经营者相比，宗一郎的做法充分展现了一个企业家的宽阔胸怀和容人之量。这就是本田公司能够发展壮大的原因之一。

对于部下或同事的失误，不能抓住不放、小题大做、四处宣扬，而要以诚感人，“爱语”纠错。当他人遭受失败时，如果不假思索地进行呵斥，只会激起失误者的逆反心理，不利于事情的发展。聪明的做法是用柔和之词去启发劝导他修正错误。如此，失误者才会心悦诚服地接受你的见解，并心存感激。

中国荔枝大王——农民企业家叶钦海在创办农场初期，就显示出了他在用人方面的超常胆略和智慧。他认为，企业要有活力，要有发展，最重要的是在于人才管理，而非资金与规模。在管理上，他实行责、权、利挂钩，对于有才能的人，就要大胆使用，不要怕他犯错误，只要敢于承担责任，就说明他是以主人翁的态度对待企业的。

有一个分场场长在清理草坪时，事先没有掌握天气的情况，见当时没有起风，就让人点燃了草坪。可没过多久，天气忽变，刮起了大风，火势顺着风力迅速蔓延到一旁的荔枝苗。这位分场场长见状，迅速组织人力扑救，但还是烧死了上百株荔枝苗。事后，叶钦海认为分场场长并不是主观放火，并在扑火行动中表现得英勇顽强。因此，在事故分析会上，叶钦海没有责备他，只是要求他吸取教训，在今后的工作中凡事多加考虑，慎重行事。这位场长深受感动，在以后的工作中，热情更高，成了叶钦海的一名得力助手。

商界女杰、运通公司总经理吕有珍，在识人、用人方面也有其独到之处：扬长避短，大胆使用有过失之人。1994年，昆明市花园商场因漏电失火，商场经理心急火燎地向吕有珍汇报了此事。吕有珍异常镇定地询问了具体情况后，对他说："你是商场经理，即使着火了你仍是商场经理，你去处理吧，我相信你能处理好。"商场经理以为吕有珍会撤他的职，会严厉地批评他，却没有想到吕有珍仍然如此信任他，这给了他强大的动力。不到一个月的时间，商场经理就处理好了事故的善后问题，花园商场的经营也没有因那次火灾而受到影响。

微软副总裁杰夫·拜克斯也有一段与这位商场经理类似的经历。1984年，微软试算表软件上市后被发现有重大瑕疵，当时还是产品经理的杰夫硬着头皮去见比尔·盖茨，建议将上市产品全数收回，并诚恳表示愿意承担一切责任。盖茨告诉他："今天你让公司损失了2500万美元，我只希望你明天表现得好一点。"盖茨认为，一旦犯了错误，切实检讨的实质意义要比追究处罚大得多，因为"如果轻易解雇了犯错的人，也就等于否定了这个教训的价值"。

人无完人，不能苛求完美。用人时要扬人之长，避人之短；对有过失的人，哪些能用，哪些不能用，要因人而异，不可一概而论，更不能求全责备，以短盖长。

生活中，对人同样如此。也只有这样，才能让许多有才能，有个性的人团结在你的周围，助你成就事业。

容天下难容之事

能容天下难容之事者，必是人中之佛。

白隐禅师便是这样一位纯洁的圣者。

有一对夫妇突然发现自己未出嫁的女儿怀孕了，这使他们非常恼怒，便向女儿追问缘由。开始女儿死也不说，但经一番苦逼之后，她终于说出“白隐”的名字。

父母怒不可遏，立即就去找白隐理论，可这位大师始终就一句话：“是这样吗?”

孩子生下后，他们就把孩子送给了白隐。

从此白隐名誉扫地，但他毫不介意，还是非常细心地照顾孩子。一年后，那位姑娘再也无法忍受内心的折磨，说出了实情，原来，孩子的亲生父亲是渔市上的一名青年。

姑娘的父母马上向白隐道歉，并带走了孩子。

白隐在交回孩子的时候还是轻声地问：“是这样吗?”

白隐禅师容人的雅量在此可见一斑。你若能容下这个世界，这个世界也能容下你。你不用心挤兑这个世界，这个世界也不会挤兑你的心。这个世界是宽广的，你的心跟它一样宽广，你肯定会“量大福大”——至少你的心灵会是幸福的。大肚弥勒佛之所以深得人心，并且自己也能常葆快乐，就在于他心量广大，能容天下难容之事。在现实生活的人群中，我们能否真正找到心量广大的普通人呢?能，因为能容所以他也变得并不普通。

在河南省方城县，11年前，打工汉孔某沉浸在喜得千金的兴奋中时，妻子张某却告诉了他一个残酷的事实：这个新生命是她和别人的孩子!经过一番痛苦挣扎，孔某最终宽容了妻子，并将孩子视为己出。然而，11年后，这个孩子却患了白血病，生命告急。孔某能够做出惊人之举，允许妻子再次怀上前男友的孩子用脐血干细胞挽救第一个孩子的生命吗?一方面是有悖传统道德的“奇耻大辱”，一方面是对11岁花季少女生命的无私拯救，孔某一颗平常而博大的心，被亲情和伦理这两条绳索揪紧了……

经过反复思考，孔某做出了一个令人难以置信的决定：让张某与前男友再生一个孩子救小华!然而，这个决定遭到了张某的坚决反对：“这十多年来，我们早就没有任何来往，况且双方都已有家室，你让我怎么跟他讲?再说，我至死都不想让他知道孩子是他的亲生女儿，我更不能再做对不起你的事啊!”

“为了孩子的生命，你好好考虑考虑吧!”孔某诚恳地对张某说。张某又何尝不想救女儿呢?只是她万分珍惜与孔某的感情，实在不愿让这份感情再受到任何玷污了。

考虑了三天，张某觉得自己无论如何都不可能再和前男友有什么瓜葛。如果能用其他的方法与他再生一个孩子，倒还可以考虑。与孔某商量后，夫妇俩坦率地把自己的隐私对大夫讲明了，大夫说：“你们可以采用人工授精的方法怀孕，这样也能使孩子获救。”

2004年春节前夕，孔某找到并说服了她的前男友，使他答应献出精子。

2004年3月医生为张某做了特殊的人工授精手术。手术做得很顺利，一个多月以后，张某就怀孕了。

2005年1月5日，张某在县妇幼保健院顺利产下一个女婴。生产以后，孔某当即带上装在保温箱里的一段脐带，到省人民医院做配型化验。1月11日，从郑州传来喜讯，配型成功。孩子稚嫩的生命，终于又重新扬起了希望的风帆。

显然，孔某就这样承受了有悖传统伦理的“奇耻大辱”，奉献了拯救孩子生命的大爱!尽管他因此陷入了难言的尴尬和隐痛，但他的人生却因此显现了人性的光芒，令人肃然起敬。即便人们知道了其中的隐情，谁还能忍心讥讽他?因为任何人都难以做到。所以，能做到的人才最值得别人去尊敬和赞美。

宽容应该是一个神圣的字眼，宽容应该是一个神圣的概念，宽容应该是一种人类精神。宽容是一种善，宽容是一种美，宽容是一种人性，宽容是一种胸怀和气度，更是一种境界。宽容是一种修养，一种成熟，这种修养表现出来的不是软弱，相反是力量，是魅力。

四、持随缘心，参糊涂禅

有的事不明白就不会牵肠挂肚，就会少一分烦恼。佛陀说："一切万法不离自性。"就是说人不可自寻烦恼，人说我痴，我就痴给他看。其实，这痴是一种难得的"糊涂"。

难得糊涂

佛陀说："一切众生即非众生。"这个世界上有太多的人和事你永远都管不完看不清。所以，清醒的时候就难免心烦意乱，不得安宁，还是糊涂一点更快乐。

曾国藩从小立志要成为圣人，但才能有限，别人都飞黄腾达了，他还屈居乡里。一天他闷闷不乐地散步到郊外，看见一座破庙，就信步走入。

破庙中，一个老僧正拥炉看书，看得津津有味。

曾国藩忍不住上前，想看清那是一本什么书值得这样看。

但就在他刚瞟到书名的那一瞬间，那老僧竟然把书扔进了炉子里。

曾国藩吃了一惊，呆在那里。老僧哈哈大笑，还向曾国藩解释道："我是疯子，我是疯子。"随后进屋睡觉，再不理人。

这件事给曾国藩留下深刻印象。很多年后他向李鸿章说起，问李鸿章是否明白疯僧的用意。

李鸿章聪明绝顶，但偏偏不说，假装苦思冥想不得其解，谦虚地说："学生实不知，还是老师为我解惑吧。"

曾国藩微微叹息道："疯僧烧书之举，意在点醒我。"

"哦?"

"那时我什么都想弄明白，其实什么都不明白，疯僧此举看似疯狂，其实用意颇深。他在告诉我：很多事情是永远看不清的，但看不清就看不清，并无大碍。你只管做你自己的事就可以了。"

曾国藩这话看似简单，其实从佛学里悟出了很深的道理。曾国藩灭太平天国后，为朝廷所忌，开始时他不能搞清楚为什么自己变成这样了，但这时他已看清这一切都很必然，这一切也并不重要。因此他终于彻底放弃功名进取，以善人而善终，可谓有福。

人生本就是一场戏，看清了，也就释然了。郑板桥的那四个字“难得糊涂”包含着人生最清醒的智慧和禅机，只可惜有一部分人悟不透，大部分人做不到，所以，终日郁郁寡欢，忙碌不堪，事事要争个明白，处处要求个清楚，结果才发现因为太清醒了、太清楚了反倒失去了该有的快乐和幸福，留给自己的也就只剩下清醒之后的创痛。难得糊涂，糊涂难得。留一半清醒留一半醉，才能在平静之中体味这人生的酸、甜、苦、辣。古人说：“水至清则无鱼，人至察则无徒。”水太清澈了，鱼儿们无法藏身，也无法找到可以维持生存的食物，当然只有另寻可以生存的水域。人活得太清楚，要求太苛刻，也就没有了朋友。因为所有的人都有这样那样的缺点。你紧抓着这些不放，当然没有人敢接近你。做事也是如此，有时你只需睁一只眼，闭一只眼就可以了。把事做绝了，做的太清楚了只能让人害怕你的苛刻，讨厌你的精细和繁琐。所以，当你再次要求别人去做事时，别人当然是能避则避，能推则推，这时的你也许还会觉得别人不够义气，却不知是因为你活得太过清醒，要求得太过严格。

所以，人何必活得那么清醒，自己太累，别人也不舒服。

只有糊涂一点，人才会清醒，才会冷静，才会有大气度，才会有宽容之心，才能平静地看待世间这纷纷乱乱的喧嚣，尔虞我诈的争斗；才能超功利，拔世俗，善待世间的一切，才能居闹市而有一颗宁静之心，待人宽容为上，处世从容自如。

有了“糊涂”这种人智慧，你就会感到“天在内，人在外”，天人合一，心灵自由，获得一种从未有过的解放。

凭着这颗自由的心，你再不会为物所累，为名所诱，为官所动，为色所惑。

有了这种大智慧，你才会幡然顿悟，参透人生，超越生命，不以生为乐，不以死为悲，天地悠悠，顺其自然，人间得以恬静，心灵得以安宁。

糊涂才是清醒，才是聪明。

都明白就不明白了

世间事总没有多少能说得清，道得明。有时越是想弄得清清楚楚，明明白白，却越是会弄得糊里糊涂，难分伯仲。所以，许多事还是不要太明白了。

寺庙中有两个小和尚为了一件小事吵得不可开交，谁也不肯让谁。第一个小和尚怒气冲冲地去找师父评理，师父在静心听完他的话之后，郑重其事地对他说："你说得对!"于是第一个小和尚得意洋洋地跑回去宣扬。第二个小和尚不服气，也跑来找师父评理，师父在听完他的叙述之后，也郑重其事地对他说："你说得对!"待第二个小和尚满心欢喜地离开后，一直跟在师父身旁的第三个小和尚终于忍不住了，他不解地问道："师父，您平时不是教我们要诚实，不可说违背良心的谎话吗?可是您刚才却对两位师兄都说他们是对的，这岂不是违背了您平日的教导吗?"师父听完之后，不但一点也不生气，反而微笑地对他说："你说得对!"第三位小和尚此时才恍然大悟，立刻拜谢师父的教诲。

其实许多事从他们个人的立场来看，他们都是对的。只不过因为每一个人都坚持自己的想法或意见，无法将心比心、设身处地地去考虑别人的想法，所以没有办法站在别人的立场去为他人着想，冲突与争执也因此就在所难免了。如果能够有一颗善解人意的心，凡事都以"你说得对"来先为别人考虑，那么很多不必要的冲突与争执就可以避免了，做人也一定会很轻松。

因此，凡事都要争个明白的做法并不可取，有时还会带来不必要的麻烦或危害。如当你被别人误会或受到别人指责时，这时如果你偏要反复解释或还击，结果就有可能越描越黑，事情越闹越大。最好的解决方法是，不妨把心胸放宽一些，没有必要去理会。

对于上班族来说，虽然人和人相处总会有摩擦，但是切记要理性处理，不要非得争个你死我活才肯放手。就算你赢了，大家也会对你另眼相看，觉得你是个不给朋友余地、不尊重他人的人，以后也会防着你，于是你会失去真正的朋友。而且被你损伤了尊严的同事，还可能对你记恨在心，这样无意中你就多了许多敌人。

2002年，一位旅游者在意大利的卡塔尼山发现一块墓碑，碑文记述了一位名叫布鲁克的人是怎样被老虎吃掉的事件。由于卡塔尼山就在柏拉图游历和讲学的城邦——叙拉古郊外，很多考古学家认为，这块墓碑可能是柏拉图和他的学生们为布鲁克立的。

碑文记述的故事是这样的：

布鲁克从雅典去叙拉古游学，经过卡塔尼山时，发现了一只老虎。进城后，他说，卡塔尼山上有一只老虎。城里没有人相信他，因为在卡塔尼山从来就没人见过老虎。布鲁克坚持说见到了老虎，并且是一只非常凶猛的虎。可是无论他怎么说，就是没人相信他。最后，布鲁克只好说，那我带你们去看，如果见到了真正的虎，你们总该相信了吧?

于是，柏拉图的几个学生跟他上了山，但是转遍山上的每一个角落，却连老虎的一根毫毛都没有发现。布鲁克对天发誓，说他确实在这棵树下见到了一只老虎。跟去的人就说，你的眼睛肯定被魔鬼蒙住了，你还是不要说见到老虎了，不然城邦里的人会说，叙拉古来了一个撒谎的人。

布鲁克很生气地回答：“我怎么会是一个撒谎的人呢?我真的见到了一只老虎。”在接下来的日子里，布鲁克为了证明自己的诚实，逢人便说他没有撒谎，他确实见到了老虎。可是说到最后，人们不仅见了他就躲，而且在背后都叫他疯子。布鲁克来叙拉古游学，本来是想成为一位有学问的人，现在却被认为是一个疯子和撒谎者，这实在让他不能忍受。为了证明自己确实

见到了老虎，在到达叙拉古的第十天，布鲁克买了一支猎枪来到卡塔尼山。他要找到那只老虎，并把那只老虎打死，带回叙拉古，让全城的人看看，他并没有说谎。

可是这一去，他就再也没有回来。两天后，人们在山中发现一堆破碎的衣服和布鲁克的一只脚。经城邦法官验证，他是被一只重量至少在500磅左右的老虎吃掉的。布鲁克在这座山上确实见到过一只老虎，他真的没有撒谎。

这段碑文是不是柏拉图写的，考古学界没有给出确切的答案。实际上，这段碑文是不是柏拉图写的并不重要，重要的是这块碑文给予世人一种启示：世界上有许多不幸，都是在急于向别人证明自己正确的过程中发生的。那种急于去证明的人，其实是在寻找一只能把自己吃掉的老虎。

证明的过程是艰辛的，证明的代价是巨大的，这样即使证明的结果是正确的，那又怎么样？为了一件无关紧要的小事将自己最宝贵的东西付之一炬，这种行为是愚蠢的。

尽管你的初衷是想要弄个明白，结果却证明了是自己不明白。

越是要求太明白的人就越是说明自己太糊涂。

糊涂才是大学问

一位小和尚对于许多事都弄不明白，觉得自己很笨，没有别人活得清醒，便去请教禅师如何能让自己活得清醒一点。

禅师并没有非常明确地说明，却对他讲了一个庄周梦蝶的故事：

战国时期，哲学家庄周一直生活在痛苦当中，没有知己，他必须强迫自己摒除杂念，才能独自地生活下去。

一天黄昏，他实在想放松一下，便去了郊外。那里有一片广阔的草地，绿油油的草散发出芳香。他仰天躺到了上面，尽情地享受着，不知不觉就进入了梦乡。在梦中，他成了一只色彩斑斓的蝴蝶，在花草丛中尽情地飞舞着。上有蓝天白云，下有金色的大地，周围的景色也十分迷人，一切都是那么的快乐与温馨。他完全忘却了自我，整个人都被美妙的梦境所陶醉了。

梦终归有醒时，但他对于梦境与现实无法区分。过了许久，清醒了的他才发出一声感慨："庄周还是庄周，蝴蝶还是蝴蝶。"

人生就是一场梦，醒时梦时没什么大的区别，如果放下所有的一切，梦时反而比醒时幸福。所以，醒时也不妨让自己做做梦。活得轻松一点，糊涂一点。

人生是个万花筒，一个人在复杂莫测的变幻之中要用足够的聪明智慧

来权衡利弊，以防失手于人。但是，人有时候不如以静观动，守拙若愚。这种处世的艺术其实比聪明还要胜出一筹。聪明是天赋的智慧，糊涂是后天的聪明，人贵在能集聪明与愚钝于一身，需聪明时便聪明，该糊涂处且糊涂，随机应变。

老子大概是把糊涂处世艺术上升至理论高度的第一人。他自称“俗人昭昭，我独昏昏；俗人察察，我独闷闷”。而作为老子哲学核心范畴的“道”，更是那种“视之不见，听之不闻，搏之不得”的似糊涂又非糊涂、似聪明又非聪明的境界。人依于道而行，将会“大直若屈，大巧若拙，大辩若讷”，中国人向来对“智”与“愚”持辩证的观点，《列子·汤问》里愚公与智叟的故事，就是我们理解智愚的范本。庄子说：“知其愚者非大愚也，知其惑者非大惑也。”人只要知道自己愚和惑，就不算是真愚真惑。是愚是惑，各人心里明白就足够了。

孔子说：“宁武子，邦有道则知，邦无道则愚。其知可及也。”宁武子即宁俞，是春秋时期卫国的大夫，他辅佐卫文公时天下太平、政治清明。但到了卫文公的儿子卫成公执政后，国家则出现内乱，卫成公出奔陈国。宁俞则留在国内，仍是为国忠心耿耿，表面上却装出一副糊里糊涂的样子，这是明哲保身的处世方法。因为身为国家重臣，不会保身怎能治国?后来周天子出面，请诸侯霸主晋文公率师入卫，诛杀佞臣，重立卫成公，宁俞依然身居大夫之位。这是孔子对“愚”欣赏的典故，他很敬佩宁俞“邦无道则愚”的处世方法，认为一般人可以像宁俞那么聪明，但很难像宁俞那样糊涂。在古代上层社会的政治倾轧中，糊涂是官场权力较量的基本功。仅以三国时期为例，就有两场充满睿智精彩的表演：一是曹操、刘备煮酒论英雄时，刘佯装糊涂得以脱身；二是曹、司马争权时司马懿佯病巧装糊涂反杀曹爽。后人有语云：“惺惺常不足，蒙蒙作公卿。”苏东坡也是聪明过人，却仕途坎坷，曾赋诗慨叹：“人人都说聪明好，我被聪明误一生。但愿生儿愚且蠢，无灾无难到公卿。”

聪明难，糊涂亦难，由聪明转入糊涂更难。放一招，退一步，当下心安，非图后来福报也。做人过于聪明，无非想占点小便宜；遇事装糊涂，只不过吃点小亏。吃亏是福不是祸，往往有意想不到的收获。“饶人不是痴”，歪打正着，“吃小亏占大便宜”。有些人只想处处占便宜，不肯吃一点亏，总是“斤斤计较”，到后来是“机关算尽太聪明，反误了卿卿性命”。

郑板桥以个性“落拓不羁”闻于史，心地却十分善良。他曾给其堂弟写过一封信，信中说：“愚兄平生谩骂无礼，然人有一才一技之长，一行一言为美，未尝不啧啧称道。囊中数千金，随手散尽，爱人故也。”以仁者爱人之心处世，必不肯事事与人过于认真，因而“难得糊涂”确实是郑板桥襟怀坦荡无私的真实写照，并非一般人所理解的那种毫无原则稀里糊涂地做人。糊涂难，难在人私心太重，执著于自我，陡觉世界太小，眼前只有名利，不免斤斤计较。

聪明与糊涂是人际关系范畴内必不可少的技巧和艺术。得糊涂时且糊涂。

比聪明人还聪明的处世哲学，是人生的大学问。

聪明难，糊涂更难。

糊涂人最高明

有许多人表面看来聪明绝顶，整天指东道西，叽叽喳喳借以显示自己的聪明才智，实际上并不是聪明人，真正聪明的人不会用这种愚蠢的方法证明自己，而是故意装愚。所以，有些人看起来一点都不聪明，却很可能是最高明的人。

宋代的大文豪苏东坡喜欢禅道。一次，他到金山寺和方外至交佛印禅师打坐参禅。参了一会儿，苏东坡觉得身心通畅，于是问佛印："禅师，你看我坐的样子怎么样?"

佛印："我看你好庄严，像一尊佛！"

苏东坡听了非常高兴。禅师接着问苏东坡："学士，你看我坐的姿势怎么样?"

苏东坡一听，马上嘲弄禅师说："真像一堆牛粪!"

佛印听了也很高兴。苏东坡见将禅师喻为牛粪，禅师竟无以为答，以为赢了佛印禅师，于是跟自己的妹妹苏小妹说："我今天赢了！"

苏小妹就问道："哥哥，你究竟是怎么赢了禅师的?"

苏东坡眉飞色舞地叙述了一遍。苏小妹天资超人，才华出众，她听了苏东坡得意的叙述之后，正色说："哥哥!你输了!禅师心中如佛，所以他看你如佛；而你心中像牛粪，所以你看禅师才像牛粪!"

苏东坡哑然，方知自己又输给了佛印禅师。

在这个故事中我们可以看出，自诩聪明的人不一定聪明，苏东坡尚且如此，何况你我！所以我们还是不要自作聪明。

阿根廷著名的足球运动员迪戈·马拉多纳在与英格兰球队相遇时，踢进的第一球，是“颇有争议”的“问题球”。据说墨西哥一位记者曾拍下“用手拍入”的镜头。

当记者问马拉多纳，那个球是手球还是头球时，马拉多纳机敏地回答说：“手球一半是迪戈的，头球有一半是马拉多纳的。”马拉多纳的回答颇具心计，倘若他直言不讳地承认“确系如此”，那么对裁判的有效裁决无疑是“恩将仇报”。但如果不承认，又有失“世界最佳球员”的风度。而这妙不可言的“一半”与“一半”，等于既承认了球是手臂撞入的，颇有“明人不做暗事”的大将气概，又在规则上肯定了裁判的权威，亦具有了君子风度。

这一箭三雕的效果有几人可以做到？而又有谁能否定他的机智？

莎士比亚在其著作《第十二夜》中，让主人公说出了这样一句话：“因为他很聪明，才能装出糊涂人来。彻底成为糊涂人，要有足够的智慧。”特殊场景中的假装糊涂其实是一种机智的应变。

在交往中，往往由于对方提出的问题比较敏感，或者涉及某种“隐私”不好回答，然而，面对客人又不能不答，那些高明人就会用假装糊涂来给以回答。如：

一次，乾隆皇帝突然问刘墉一个怪问题：“京城共有多少人?”刘墉虽猝不及防却非常冷静，立刻回了一句：“只有两人。”乾隆问：“此话何意?”刘墉答曰：“人再多，其实只有男女两种，岂不是只有两人?”乾隆又问：“今天京城里有几人出生?有几人去世?”刘墉回答：“只有一人出生，却有十二人去世。”乾隆问：“此话怎讲?”刘墉妙答曰：“今年出生的人

再多，也都是一个属相，岂不是只出世一人?今年去世的人则十二种属相皆有，岂不是死去十二人?”乾隆听了大笑，深以为然。确实，刘墉的回答极妙。因为皇上发问，不回答不行；答吧，心中无数又不能乱侃，这才急中生智，趣对皇上。

这就是高明人的所问非所答。

其实，这样的例子在外交场合常常碰到。如上世纪60年代初期，我国曾准确地击落过一架入侵我国的美制U－2高空侦察机。在一次引人关注的记者招待会上，曾有一位外国记者就此询问陈毅外长：“请问外长先生，你们是用何种武器击落如此先进的高空侦察机的?”显然，这是军事秘密，不能公开回答，但如不回答又会使提问者尴尬，陈毅就势举了举自己手中的拐杖，说：“就是用这玩艺儿捅下来的。”说着还做了个往上捅的动作。自然，此举赢得了一片热烈的掌声。

其实不管闪烁其辞也好，所答非所问也好，还是打岔串音也好，其目的都一样，就是避重就轻。但这几种方法的共性就一个，那就是假装糊涂。因为只有假装糊涂才能闪烁其辞，只有假装糊涂才能所答非所问，同样也只有假装糊涂才能打岔，才能显现出你智谋的广博、处事的高明。

不要小看了糊涂人，不要大看了聪明人。

心清而形浊

某日，一队裸体的婆罗门和一群佛教出家人，结伴而行。半路上，一位年轻僧人目睹婆罗门赤身裸体，不禁在大家面前扑哧笑了起来：“不穿衣服，赤身裸体，简直不知羞耻。”

不料，在婆罗门群里，有一人稍懂佛教，听了年轻和尚的讥笑，也不甘示弱，便慢条斯理地对他说：“和尚，你穿起袈裟，便是出家的标志，怎可嘲笑和轻视别人呢?外表出家，并不代表一定断绝了烦恼，倘若不能断烦恼，脱离生死的流转，以后还不是跟我们一样赤身裸体?这样，你怎能笑别人不穿衣服呢?现在，你在生死大海上浮沉，等于脱拉树的花，随着风飘东飘西一样；又像被灰土覆盖的火，烦恼的火焰正在你内心燃烧着，将来也不知会投生到哪个恶道里，你应该嘲笑自己，哪有闲情讥笑别人呢?显然，你缺乏惭愧心。看你的样子，不像是已经斩断烦恼，或已证悟的人。倘若是真有惭愧心，便没有邪见，也没有恶觉，只有这样才不敢讥笑别人。”

年轻和尚被婆罗门教训一顿，哑口无言。

可见，讥笑别人的人不见得觉悟聪明，形似痴癫的人不见得愚蠢呆傻，佛法教育人们应不执于外相，而应善修己心。那些真正的聪明人，常常被人看做是愚痴，却不知他们的心比任何一个人都清醒。入世的大智者正是如此。

曹操击败吕布，夺取了徐州，刘备因自己势单力薄，只好隐藏下自己独展宏图的宿愿，暂时依附于曹操。

曹操原本对刘备不放心，消灭吕布后，让车胄镇守徐州，把刘、关、张一同带回许都。既然归顺于他，也就得给些甜头，于是曹操带刘备觐见献帝，论起辈分，刘备还是献帝的叔叔，所以后来人家叫他“刘皇叔”。刘备原先就是豫州牧，这次曹操又荐举他当上了左将军。曹操为了拉拢刘备，对他厚礼相待，出门时同车而行，在府中同席而坐。一般人受到如此的礼遇，应该高兴，刘备却恰恰相反。曹操越看重他，他越害怕，怕曹操知道自己胸怀大志而容不下他。更怕“衣带诏”事发。原来，献帝想摆脱曹操的控制，写了一道讨灭曹操的诏书，让董承的女儿董贵人缝在一条衣带中，连一件锦袍一起赐给董承。

董承得到这条“衣带诏”，就联合了种辑、吴子兰、王服和刘备结成灭曹的联盟。因为此事关系重大，一点儿风也不能透漏。

于是，刘备装起糊涂，在后花园种起菜来，连关羽、张飞都摸不透大哥为什么变得这么窝囊。

一天，刘备受邀孤身一人去见曹操，刘备心中忐忑不安：难道董承之谋露了馅？因为心里有鬼，所以越发紧张。曹操见了他，劈头就是一句：“您在家里干的好事呀!”刘备觉得脸上的肉都僵了，两条腿直发抖，吓得一时说不出话来。幸好曹操长叹了一口气后，又冒出一句：“种菜也不是一件容易的事呀!”刘备这才知道曹操所说的“好事”不是指谋反，提到嗓子眼的那颗心才暂时放了下来。二人对面坐下，开怀畅饮，天南地北闲聊起天来。

曹操为什么单单要请刘备来喝酒呢?原来他也是想趁酒后话多的时候，探测刘备的真心，看他是不是也像自己一样，有不甘人下、称王称霸的雄心。当酒喝得正来劲的时候，曹操发话了：“玄德，您久历四方，见多识广，请问，谁称得上是当今的英雄?”刘备没有提防曹操突然谈这个主题，一时不知他葫芦里卖的什么药，只好搪塞着一一列举诸侯，却被曹操全部否定。刘备只得摇摇头说：“除了这些人，刘备我孤陋寡闻，可实在不知道还有谁配称英雄了。”

曹操停住笑声，盯着刘备说：“英雄，就是要胸怀大志，腹有良谋。所谓大志，志在吞吐天地；所谓良谋，谋能包藏宇宙。”说罢，他仔细观察刘备的反应。刘备佯装不知，故意问道：“请问，谁能当得起这样的英雄呢?”曹操用手指指刘备，又点点自己，神秘地说：“现在天下称得起英雄的，只有你和我呀!”一听这话，刘备不由得心中一震，吓得手一松，筷子掉到了地下。此时，恰巧闪电一亮牵出一串震耳欲聋的霹雳，轰隆隆炸得天都要裂了。刘备弯腰拾起筷子，缓缓地说：“天威真是厉害，这响雷几乎把我吓坏了!”曹操通过对世之英雄的一番议论，观察到刘备闻雷时丢掉筷子的情景，曹操还真以为刘备不但是个目光不够远大之人，而且是让惊雷震掉了筷子的胆小鬼，禁不住哈哈大笑起来。自此，对刘备的戒备也就松弛了许多，最终使刘备寻得脱身到徐州的机会。

刘备正是一味装呆作痴，隐真示假，行韬晦之计，给曹操造成一种假象，使自己的利益在假象中得以保护。

老子说：“鱼不能脱离深渊，这样才能受到保全，国家精良的先进武器不能随便展示给人们。”

人只有在心中清楚而形似糊涂时才能养精蓄锐，一鸣惊人。

心清而形浊，可以养精蓄锐，待时而发。

何必在小事上计较

在小事上计较就等于在大事上糊涂，所以，计较的结果还是自己吃亏。

一天，一个失意的青年走在崎岖不平的山路上，发现脚边有个袋子似的东西很碍脚，心情郁闷的他狠踢了那东西一下，没想到那东西不但没被踢破，反而膨胀起来，并成倍地扩大着。青年恼羞成怒，拿起一根碗口粗的木棍砸它，那东西竟然胀到把路堵住了。

正在这时，佛祖从山中走出来，对青年说："小伙子，别动它。它叫仇恨袋，你不犯它，它就小如当初；你侵犯它，它就膨胀起来，与你对抗到底。忘了它，离它远去吧!"

生活中总是有一些人心胸不够开阔，一点点小事就足以让他们心烦意乱。当别人无意中惹到他们时，他们总是抱着"以牙还牙，以眼还眼"的决心，摆出一副寸土必争的姿态去面对生活中一些鸡毛蒜皮的小事。他们做人的原则就是半点亏不吃，但实际上往往是这种人容易吃大亏。

这日莎燕下班回家，在公司门前的那个站牌等公车。千等万等，终于来了一辆。

公车里人很多，黑压压的。莎燕努力地向上挤，终于挤上了车。但挤车时一不小心，踩了旁边的胖大嫂一脚。胖大嫂的大嗓门叫开了："踩什么踩，你瞎了眼了?”莎燕本还想道歉，但一听这话面子上挂不住了，回应说：“就踩你了，怎么着?”

于是，两个女人的好戏开演了。双方互相谩骂，恶语相加。随着火力的升级，两人竟然动起了手，胖大嫂先给了莎燕一下，莎燕也立即以牙还牙，两手都上去了，在胖大嫂脸上乱抓一通。还是边上的好心人把两人拉了开来。

莎燕的指甲长，抓破了胖大嫂的脸，而她却没怎么受伤。想到这里，莎燕不禁得意起来。

终于回到了家，一进家门莎燕便向老公倒起了苦水。不过她倒认为自己没吃亏，反倒把那恶妇抓破了脸，所以，讲到这里一脸的灿烂，这时老公看了她一下，惊奇地问道，你右耳朵上的那个金耳坠呢?莎燕一摸耳朵，耳坠早已不见了……

我们经常以为“以牙还牙”就是让自己不吃亏，事实上，这是一种小肚鸡肠的表现。总以为别人占自己一分便宜，自己就要想尽办法占三分回来，否则自己就是吃了大亏，但是事实真的就像我们想象的那么简单吗?

战国时，梁国与楚国相临。两国夙有敌意，在边境上各设界亭(哨所)。两边的亭卒在各自的地界里都种了西瓜。梁国的亭卒勤劳，锄草浇水，瓜秧长势很好；楚国的亭卒懒惰，不锄不浇，瓜秧又瘦又弱。

人比人，气死人。楚亭的人觉得失了面子，在一天晚上，乘月黑风高，偷跑过去把梁亭的瓜秧全都扯断。梁亭的人第二天发现后，非常气愤，报告给县令宋就，说要以牙还牙，也过去把他们的瓜秧扯断!

宋就说：“他们这种行为当然不对。别人不对，我们再跟着雪就更不对，那样未免太狭隘、太小气了。你们照我的吩咐去做，从今天开始，每晚去给他们的瓜秧浇水，让他们的瓜秧也长得好。而且，这样做一定不要让他们知道。”

梁亭的人听后觉得有理，就照办了。

楚亭的人发现自己的瓜秧长势一天比一天好起来，仔细观察，发现每天早上地都被人浇过，而且是梁亭的人在夜里悄悄为他们浇的。

楚国的县令听到亭卒的报告后，感到十分惭愧又十分敬佩，于是上报楚王。楚王深感梁国人修睦边邻的诚心，特备重礼送梁王以示歉意。结果这一对敌国成了友好邻邦。

“以眼还眼，以牙还牙”，看起来矛盾的双方是势均力敌，谁都不吃亏，但当你真的以这种原则去办事时，你会发现你可能解了一时之气，但不能得到大多数人的认可和好评。所以，你的行为事实上在告诉别人你是一个肚量狭小的人，那么还有谁敢靠近你？反之，以德报怨，不仅可以使那些对你不敬的人心生惭愧，同时还可以告诉别人你的胸怀和气度是他们无法企及的，那么在你的周围会不知不觉吸引许多有德之人。这才是吃小亏，赚大便宜的上上之策。不要做那种斤斤计较的傻事，这对你没有任何好处。

任运随缘身心无缚

禅学经典《坛经》上说：“念念之中，不思前境。若前念今念后念，念念相续不断，名为系缚。于诸法上，念念不住，即无缚也。”不能任运随缘，就束缚了身心的发展，于做人处世都没有什么益处可言的。

唐朝药山禅师投石头禅师门下而悟道，他得道之后。门下有两个弟子，一个叫云岩，一个叫道吾。有一天，大家坐在郊外参禅，看到山上有一棵树长得很茂盛，绿荫如盖，而另一棵树却枯死了，于是药山禅师观机逗教，想试探两位弟子的功行，先问道吾说：“荣的好呢，还是枯的好？”道吾说：“荣的好！”再问云岩，云岩却回答说：“枯的好！”此时正好来了一位俗姓高的沙弥，药山就问他：“树是荣的好呢，还是枯的好？”沙弥说：“荣的任它荣，枯的任它枯。”

他们三个人对树的成长衰亡有三种不同的意见，寓意他们对修道所采取的态度，有三种不同的方向。虽然高沙弥的见解有点谁都不得罪的意味，然而这却是禅对这件事的正解：我们平常所指陈的人间是非、善恶、长短，可以说都是从常识上去认识的，都不过停留在分别的知识界而已，但是这位见道的沙弥却能截断两边，从无分别的慧解上去体认道的无差别性，所以说："荣的任它荣，枯的任它枯。"

宋代的草堂禅师总结了这一公案，并作偈一首——

云岩寂寂无窠臼，灿烂宗风是道吾。
深信高禅知此意，闲行闲坐任荣枯。

人活着，要做的事情很多，奢望每一件都能按自己的设想发展结局，是根本不可能的！一切的羁恋苦求无非徒增烦恼，只有一切随缘，才能平息胸中的"风雨"。

苏东坡和秦少游一起外出，在饭馆吃饭的时候，一个全身爬满了虱子的乞丐上前来乞讨。

苏东坡看了看这名乞丐对秦少游说道："这个人真脏，身上的污垢都生出虱子了！"

秦少游则立即反对道："你说的不对，虱子哪能是从身上污垢中生出，明明是从棉絮中生出来的！"两人各执己见，争执不下，于是两个人打赌，并决定请他们共同的朋友佛印禅师当评判，赌注是一桌上好的酒席。

苏东坡和秦少游私下分别到佛印那儿请他帮忙。佛印欣然允诺了他们。两人都认为自己稳操胜券，于是放心地等待评判日子的来临。评判那天，佛印不紧不慢地说道："虱子的头部是从污垢中生出来的，而虱子的脚部却是从棉絮中生出来的，所以你们两个都输了，你们应该请我吃宴席。"听了佛印的话，两个人都哭笑不得，却又无话可说。

佛印接着说道："大多数人认为'物'是'物'，'我'是'我'，然而正是由于'物'、'我'是对立的，才产生出了种种矛盾与差别。在我的心中，'物'与'我'是一体的，外界和内界是完全一样的，它们是完全可以调和的。好比一棵树，同时接受空气、阳光和水分，才能得到圆融的统一。管它虱子是从棉絮还是污垢中长出来的，只有把‘物’与‘我’的冲突消除，才能见到圆满的实相。”

佛印化解苏东坡与秦少游的赌局正是采用了“枯也好，荣亦好”的禅理。如果想真正做到任运随缘，那我们就应该多向唐代高僧赵州禅师多取取经——

唐代高僧从谂禅师，因为久居赵州（今河北省赵县）观音院，因此被唤作“赵州禅师”。

一日，两名云游僧到赵州禅师所在的观音院挂单，恰好与赵州禅师相遇。

赵州禅师问其中一名云游僧：“你以前到过这儿吗？”

僧答：“到过。”

赵州说：“吃茶去。”

赵州禅师又问另外一僧，僧答：“我第一次到这里来。”

赵州禅师说：“吃茶去。”

观音院主持大惑不解，问道：“来过也吃茶去，没来过也吃茶去，这是什么意思？”

赵州禅师大叫一声：“主持！”

观音院主持脱口而答：“是！”

赵州禅师说：“吃茶去。”

对于生活，我们应该拥有赵州禅师所主张的“任运随缘，不涉言路”的态度，只有“遇茶吃茶，遇饭吃饭”，除去一切颠倒攀缘，才是畅快人生的真谛。

人生要随缘而定

一个和尚因为耐不住佛家的寂寞下山还俗去了。

不到一个月，因为耐不得尘世的口舌，又上山了。

不到一个月，又因不耐寂寞还俗去了。

如此三番，老僧就对他说：“你干脆不必信佛，脱去袈裟；也不必认真去做俗人，就在庙宇和尘世之间的凉亭那里设一个去处，卖茶如何?”

这个还俗的人就讨了媳妇，支起一个茶店。日子过得红红火火。

其实，人生中的前进与后退没有定势。假如，生活无法让你继续前进或者连退路都难以走通，那你不妨随缘而定。

从小我们就被教导要持之以恒，做事情要有恒心和毅力。比如：“只要努力，再努力，就可以达到目的。”你如果按照这样的准则做事，你常常会不断地遇到挫折和产生负疚感。由于“不惜代价，坚持到底”这一教条的原因，那些中途放弃的人，就常常被认为“半途而废”，令周围的人失望。其实，人生有些事是强求不来的，实在做不到何不放弃，如果你死钻牛角尖不放，那么你就是放弃了在其他事情上成功的机会。

正是因为持之以恒这个害人的教条，使人们即使有捷径也不去走，而弃简就繁，并以此为美德，加以宣扬。美国前总统候选人巴布·杜尔在离开参议院时说："我会不辞艰辛地去竞选，我曾经不畏艰辛地做好任何一件事，这种方式对我十分有益。"我们并不否认杜尔先生对国家的贡献和个人取得的成就，但很可能正是由于他不辞艰辛的做事方式，使他日见苍老、疲惫和心力交瘁。

人们应该调整思维，尽可能用简便的方式达成目标。如果你在与别人做同一件事情的时候，可以躺在树荫下的吊床里，喝着柠檬汽水，打着手机，轻松自如地完成工作；而其他人则要急匆匆地赶公交车，拿着塞得满满的公文包，走在繁忙的街头，在接待室里挨着时间等待……二者相比，你当然应该得到更多的喝彩。

一个推销员被客户以"再说吧"这样的轻松方式逐渐毁掉前程。他在每一次与客户洽谈业务的时候都力图操纵局面，所以客户能给他的答案只有"再说吧"。而他办公桌上的档案大多也是"容后再议"。他日复一日地与这些客户满怀希望地联络，却毫无所获，仍以此为荣。

他的这种坚忍不拔的精神没有实用价值。收入丰厚的推销员只是尽快行动，要求客户给出明确的"是"或"不是"的答案。这样他们就不必在已接触的客户身上再花费时间和精力，而及时投身到与下一个客户的业务上去。不论你把推销讲得多么复杂，它首先是一个数字游戏。你能很快了解谁对你说"不"，你就能听到更多次的"是"。

这位勤奋、却自毁前程的推销员认为，只要他能坚持不懈地与这些客户一而再、再而三地联络，凭着他的执著，他的客户一定会与他达成交易。他认为自己的毅力一定会瓦解客户的拒绝。事实却不尽如人意。

《思考致富》一书的作者拿破仑·希尔曾经在爱迪生的实验室中访问他。爱迪生做了一万多次实验才发明了电灯。希尔问他："如果第一万次实验失败了，你会怎么办?"

爱迪生回答："我就不会在这儿与你谈话了，此刻我会把自己锁在实验室中，做第一万零一次实验。"

这个小故事被大多数谈到"进取"的演说家用作坚忍不拔的典型例证。他们会说："每次你打开电灯的时候，都可以感受到爱迪生是一个毅力

非凡的人。”这是无稽之谈，我们应该感受到的是：爱迪生是用科学的方法进行发明创造的科学家。他不是把同一个实验做了一万次。他做了一万个不同的实验，也就是做了一万次假设，而且——发现不对就马上放弃。他做了一万次的半途而废。

执著是一种可贵的精神，但如果你坚持的东西本身有问题，那你的执著就该被称为固执。一个人想登月球，他的理想很伟大，但是能够登月的又有几人呢?如果他坚持他的选择至死不悔，那么我们会说他执著还是可笑呢?所以“半途而废”也是一种智慧。

不要为错过了的怀有遗憾

我们匆匆行走于这个世界时，是否可以将一路的美景尽收眼底？是否可以将世间珍品都收归已有？不，不可能，甚至大多数的时候我们常常错过它们。于是，人生便有了“遗憾”这一词组。仔细想想，遗憾能给你留下什么？除了一种难以诉说的隐痛，似乎没有任何好处。所以，不要让自己总是怀有这种隐痛，佛法讲“万事随缘”，既然你与之无缘，那就随它自去吧！

禅界里讲了这样一个故事以警世人：

一个小孩在一处平静的地方玩，这时来了一位禅师，给了小孩一块糖，于是，小孩非常高兴。

过了一会儿，禅师看见小孩哭得很伤心，就问他为什么哭，那小孩说：“我把糖丢了。”

禅师想：“这小孩没糖时很平静，平白无故得到糖时很高兴，等到糖丢了时，便极度伤心。那失去糖后，应与没得到糖时一样呀，又有什么伤心的呢!”

是啊！为什么要伤心呢？

人生中一些极美极珍贵的东西，常常与我们失之交臂，世间的好的事物中都暗藏了一些遗憾，生活中有一种痛苦叫错过，这是最深刻的痛苦。

岁月会把拥有变为失去，也会把失去变为拥有。你当年所拥有的，可

能今天正在失去，当年未得到的，可能远不如今天你正拥有的。有时候错过正是今后拥有的起点，而有时拥有恰恰是今后失去的理由。

美国的哈佛大学要在中国招一名学生，这名学生的所有费用由美国政府全额提供。初试结束了，有30名学生成为候选人。

考试结束后的第十天，是面试的日子。30名学生及其家长云集锦江饭店等待面试。当主考官劳伦斯·金出现在饭店的大厅时，一下子被大家围了起来，他们用流利的英语向他问候，有的甚至还迫不及待地向他做自我介绍。这时，只有一名学生，由于起身晚了一步，没来得及围上去，等他想接近主考官时，主考官的周围已经是水泄不通了，根本没有插空而入的可能。

于是他错过了接近主考官的大好机会，他觉得自己也许已经错过了机会，于是有些懊丧起来。正在这时，他看见一个外国女人有些落寞地站在大厅一角，目光茫然地望着窗外，他想：身在异国的她是不是遇到了什么麻烦，不知自己能不能帮上忙。于是他走过去，彬彬有礼地和她打招呼，然后向她做了自我介绍，最后他问道：“夫人，您有什么需要我帮助的吗?”接下来两个人聊得非常投机。

后来这名学生被劳伦斯·金选中了，在30名候选人中，他的成绩并不是最好的，而且面试之前他错过了跟主考官套近乎、加深自己在主考官心目中印象的最佳机会，但是他却无心插柳柳成荫。原来，那位异国女子正是劳伦斯·金的夫人，这件事曾经引起很多人的震动：原来错过了美丽，收获的并不一定是遗憾，有时甚至可能是圆满。

人生要留一份从容给自己，这样就可以对不顺心的事，处之泰然；对名利得失，顺其自然。要知道世上所有的机遇并不都是为你而设的，人生总是有得有失，有成有败，生命之舟本来就是在得失之间浮沉!美丽的机会人人珍惜，然而却并非我们都能抓住，错过了的美丽不一定就值得遗憾。

战争时期，有一个人居住的地方遭遇了一次敌机的空袭。当时，他匆匆跑向一个拥挤不堪的防空洞，但是却发现洞内人满为患，无奈之中，他只能怀着遗憾朝远处的另一个防空洞跑去，还没等他跑出多远，突然身后传来一声巨响，敌机扔下的炸弹落地爆炸，刚才他去过的那个防空洞不幸被命中，洞中无一人生还。

有些美丽是不该错过的，而有些美丽则需要你去错过。从前，一位旅行者听说有一个地方景色绝佳，于是他决定不惜一切代价也要找到那个地方，一饱秀色。可是经历了数年的跋山涉水、千辛万苦后，他已相当疲惫，但目的地依然遥遥无期。这时，有位老者给他指了一条岔路，告诉他美丽的地方很多很多，没必要沿着一条路走到底。他按老者的话去做了，不久他就看到了许多异常美丽的景色，他赞不绝口，流连忘返，庆幸自己没有一味地去找寻梦中那个美丽的地方。

生活就是如此，跋涉于生命之旅，我们的视野有限，如果不肯错过眼前的一些景色，那么可能错过的就是前方更迷人的景色，只有那些善于舍弃的人，才会欣赏到真正的美景。

有些错过会诞生美丽，只要你的眼睛和心灵始终在寻找，幸福和快乐很快就会来到。只是有的时候，错过需要勇气，也需要智慧。

喜欢一样东西不一定非要得到它。有时候，有些人为了得到他喜欢的东西，殚精竭虑，费尽心机，更有甚者可能会不择手段，以致走向极端。也许他在拼命追逐之后得到了自己喜欢的东西，但是在追逐的过程中，他失去的东西也无法计算，他付出的代价应该是很沉重的，是其得到的东西所无法弥补的。

为了强求一样东西而令自己的身心疲惫不堪，是很不划算的，况且有些东西一旦你得到了它，日子一久你可能会发现其实它并不如原本想象中的好。如果你再发现你失去的比得到的东西更珍贵的时候，你一定会懊恼不已。俗话说："得不到的东西永远是最好的。"所以当你喜欢一样东西时，得到它也许并不是最明智的选择，而错过它却会让你有意想不到的收获。总之，人生需要一点随意和随缘，不为失去了的遗憾，也不为希求着的执著。无执、无贪，这便是禅的随性境界。

潇洒走一回

在人生旅程中，的确有很多东西都是靠努力打拼得来的，因其来之不易，所以我们不愿意放弃。比如让一个身居高位的人放下自己的身份，忘记自己过去所取得的成就，回到平淡、朴实的生活中去，肯定不是一件容易的事情。但是有时候，你必须放下已经取得的一切，否则你所拥有的反而会成为你生命的桎梏。

禅界里有这样一个故事：

一个和尚肩上挑着一根扁担信步而走，扁担上悬挂着一个盛满绿豆汤的瓷壶。他不慎失足跌了一跤，瓷壶掉落到地上摔得粉碎，这位和尚仍若无其事地继续往前走。

这时，有一个人急忙跑过来激动地说："你不知道瓷壶已经破了吗?"

"我知道。"和尚不慌不忙地回答道。

"那么你怎么不转身，看看该怎么办?"

"它已经破碎了，汤也流光了，你说我还能怎么办？"

生命的整个过程总不会是一帆风顺，成与败，得与失，都是这过程的装饰，一路走来繁花锦簇也好，萧瑟凄凉也罢，终究会成为过眼云烟，重要的是自己心里的感受。

《茶馆》中常四爷有句台词："旗人没了，也没有皇粮可以吃了，我卖菜去，有什么了不起的?"他哈哈一笑。可孙二爷呢："我舍不得脱下大褂啊，我脱下大褂谁还会看得起我啊?"于是，他就永远穿着自己的灰大褂，可他就没法生存，他只能永远伴着他那只黄鸟。

生活中，很多人舍不得放下所得，这是一种视野狭隘的表现，这种狭隘不但使他们享受不到“得到”的幸福与快乐，反而会给他们招来杀身之祸。秦朝的李斯，就是这样的一个很好的例证。他曾经位居丞相之职，一人之下，万人之上，荣耀一时，权倾朝野。虽然当他达到权力地位顶峰之时，曾多次回忆起恩师“物忌太盛”的话，希望回家乡过那种悠闲自得、无忧无虑的生活，但由于贪恋权力和富贵，所以始终未能离开官场，最终被奸臣陷害，不但身首异处，而且殃及三族。李斯是在临死之时才幡然醒悟的，他在临刑前，拉着二儿子的手说：“真想带着你哥和你，回一趟上蔡老家，再出城东门，牵着黄犬，逐猎狡兔，可惜，现在太晚了!”

心理专家分析，一个人若是能在适当的时间选择做短暂的“隐退”，不论是自愿的还是被迫的，都是一个很好的转机，因为它能让你留出时间观察和思考，使你在独处的时候找到自己内在的真正的世界。尽管掌声能给人带来满足感，但是大多数人在舞台上的时候，其实却没有办法做到放松，因为他们正处于高度的紧张状态，反而是离开自己当主角的舞台后，才能真正享受到轻松自在。虽然失去掌声令人惋惜，但“隐退”是为了进行更深层次的学习，一方面挖掘自己的潜力，一方面重新上发条，平衡日后的生活。

作家尹萍曾经做过杂志主编，翻译出版过许多知名畅销书，她在40岁事业最巅峰的时候退下来选择了当个自由人，重新思考人生的出路，后来她说：“在其位的时候总觉得什么都不能舍，一旦真的舍了之后，才发现好像什么都可以舍。”

事实上，全身而退是一种智慧和境界。为什么非要得到一切呢?活着就是老天最大的恩赐，健康就是财富，你对人生要求越少，你的人生就会越快乐。对于我们这些平凡人来说，能怀一颗平常善良之心，淡泊名利，对他人宽容，对生活不挑剔、不苛求、不怨恨，富不行无义，贫不起贪心，就是一种人生的练达。

人生征途上，要懂得追求，也要学会放弃，特别是在人生的节骨眼上举重若轻，拿得起，放得下，这样才能拥有美丽幸福的人生。

得失成败，人生在所难免；潇洒来去，苦乐皆成人生美味。

参透生死心自宽

北宋大将军曹翰率部下渡过长江，进入圆通寺，禅僧们惊恐奔逃，而缘德禅师却跟往常一般平静地坐着，曹翰走到禅师跟前，禅师不站立不拜揖。曹翰大怒，呵斥道："长老没听说过杀人不眨眼的将军吗?"禅师看了他很久，回答说："你哪里知道有不怕死的和尚呢!"曹翰极为惊奇，对禅师产生了敬意，问："禅僧们为什么走散了呢?"禅师回答："敲起鼓来自会集合。"曹翰让手下去击鼓，并无禅僧到来。曹翰问："为什么不来?"禅师答："因为你有杀人之心。"说着自己起身击鼓，禅僧们就来集合了。曹翰向禅师礼拜，请教取胜的策略，禅师从容答道："这不是禅僧所了解的事。"

德禅师不惧生死，从心理上击败了大将军曹翰，使圆通寺化险为夷。这种良好的心态是禅师智慧的表现，是在长期的修炼过程中养成的。人生一世，什么情况都会遇到，天灾人祸时时难免，只有炼就不惧生死的良好心态，才能镇定自若，冷静处理，走出险境。即使走不出去，也会大义凛然，视死如归，再现大丈夫气概，使后人代代敬仰，奉为楷模。

禅宗经典《正法眼藏》对人生的提示是：生即生，灭即灭，正视这轮回往复，均属自然。不怨天，不尤人。

我们在翻阅禅宗语录时，最使我们震惊的莫过于禅师在死亡之前的那种宁静旷达了。用"视死如归"一词语来形容禅师对待死亡的态度，是绝对没有一丝夸张意味的。唐代法常禅师是这样告别人世的：有一天，法常禅师对弟子们说："将要来临的不可抑制，已经失去的无法追回。"弟子们大概感觉到了什么，不知说什么好。静默之间，忽然传来老鼠的吱吱叫声。禅师说："就是这个，并非其他。你们各位，善自保重，吾今逝矣。"说完就去世了。再有，以烧佛像取暖而闻名禅林的天然禅师是这样逝世的：长庆四年六月，禅师对弟子们说："准备热水洗浴，我就要出发啦。"洗完澡，禅师戴上笠帽，穿上鞋子，操起拄杖，从床上下来，脚还没着地，就去世了。

类似的记载在禅宗语录和传记中屡见不鲜，更不是后人写作时的美饰和杜撰。得道禅师在死之前丝毫没有惊怕和恐惧，没有因留恋人生而引起痛苦和不安，没有因世事牵累而遗恨和困惑，而是通达从容，不失诙谐，保持了禅的风格、禅的精神的连贯和一致。禅师们对待死亡有此共识，出于多方面的宗教和人生涵养，其中有一条，那就是清楚地认识了自我在自然界中的适当位置，反映了禅对生命流程，对生死规律的深度认同。

日本关西电力公司在黑部川第四发电厂的建设施工中遇到了险情。当掘进主隧道的时候，碰上了破碎地带，冰冷的水止不住地从石缝中喷泻出来，工程搁浅，进度被迫停止。虽然动员了世界各国的土木工程权威专家，想尽了各种办法，技术上仍然无法解决问题。水不断轰响着向外涌流，公司的命运也处在了危急存亡的紧要关头。这时，负责指挥的太田垣士郎总裁，来到了现场。他穿好工作服，准备进入隧道。"总裁，太危险，您还是上去，这里由我们来干。"工人们在极力劝阻，因为进入隧道就会发生生命危险。然而太田垣总裁没有退后，他喊道："目标，掘进面!"说完，便踏进了齐腰深的冷水，向掘进面走去。工人们见此情景，纷纷下水，紧随其后，拼命和水流战斗，一时间，血和污泥混合在了一起。在总裁的带领下，工人们深受感动和鼓舞，每个人都是一身泥水。听到消息的公司其他职员们也纷纷伸出了援助的双手，开展了"帮助隧道工程"的活动，使公司终于渡过了难关。

生死对于每个人来说只有一次，他可以躲在舒适安全的环境中，碌碌无为度过一生；也可以将生死置之度外，在每一个关键时刻尽力地发挥出自己的光和热，为自己的一生留下一些有价值的、值得回忆的东西。当然，这得需要与命运作斗争的勇气和心胸。太田垣总裁正是以这种精神挽救了危难局势。有时候，在与困难作斗争的过程中，尽了最大的努力，也未能使希望实现，这时，我们也不要气馁，而要正视现实，查找根源，尽己所能，历炼心志，为以后能迎头赶上打下良好基础。

《正法眼藏》告诫世人：在无常到来之际，国王、大臣、亲属、仆人、妻子、珍宝，一切都是空的，只能一个人孤独地奔赴黄泉。

的确，在死亡面前，国王、大臣、亲属、仆人、妻子等，无论是高贵还是卑贱，无论是富有还是贫困，都是无计可施的。受到这种人生无常的哲学思想熏陶之后，人们就会理解心平气和是悟道的表现，也就能够平心应物地生活下去。

良宽禅师这样写道：“病就让它病好了，死就让它死吧!”可见，再没有比良宽禅师更心平气和的人啦!人生是不可预测的，世事无常，不知在什么时候人的生命就要中止了，所以，道元禅师说：“正因为人生无常，才更要加倍努力追求正道。”

一个人的生命是有限的，这是十分明显的道理。在有限的生命历程中，能做些有意义的事，为后人留下点有价值的东西，就是我们要追求的正道。

珍惜生命、顺应自然，该来的终归会来，该去的终归会去。我们无法挽留，也无法驱散，平心对待，一切随缘。

五、持放下心，参空明禅

“要放下”，是禅师训导弟子的诫语，但习惯了“拿起”的人，让他“放下”谈何容易？况且，他能放下手上、肩上的重负，能放得下心里的牵挂吗？“心中有事世间小，心中无事一床宽。”欲求心灵解脱的人，一定要知道：只有持放下心，才能参空明禅。

“求不得”源于“放不下”

“若著相于外，而作法求真，或广立道场，说有无之过患，如是之人，累劫不可见性。”《坛经》在这里点明了“若著相于外”的种种弊端，目的只有一个，那就是让人们懂得“放下”、懂得“放手”。佛语中讲的“放下屠刀，立地成佛”中的“放”意为“放弃”，而“屠刀”则泛指恶念。不论是“放弃”与“放下”，都是让人们将某些该放下的事情要敢于放下、勇于放下。

从古到今，芸芸众生都是忙碌不已，为衣食、为名利、为自己、为子孙……哪里有人肯静下心来思考一下：忙来忙去为什么?多少人是直到生命的终点才明白，自己的生命浪费在太多无用的方面，而如今却已没有时间和精力去体会生命的真谛了。唐代的寒山禅师针对这一现象作过一首《人生不满百》的诗——

人生不满百，常怀千岁忧。
自身病始可，又为子孙愁。
下视禾根土，上看桑树头。
秤锤落东海，到底始知休。

寒山禅师以此诗提醒世人：“即刻放下便放下，欲觅了时无了时。”能放下的事情不妨放下，若是等待完全清闲再来修行，恐怕是永远找不到这样的机会啦。

从前有个国王，放弃了王位出家修道。他在山中盖了一座茅草棚，天天在里面打坐冥想。有一天,他感到非常得意，哈哈大笑起来，感慨道：“如今我真是快乐呀。”

旁边的修道人问他：“你快乐吗?如今孤单地坐在山中修道，有什么快乐可言呢?”

国王说：“从前我作国王的时候，整天处在忧患之中。担心邻国夺取我的王位，恐怕有人劫取我的财宝，担心群臣觊觎我的财富，还担心有人会谋反……现在我作了和尚，一无所有，也就没有算计我的人了，所以我的快乐不可言喻呀。”

人生往往如此：拥有的越多，烦恼也就越多。因为万事万物本来就随着因缘变化而变化，凡人却试图牢牢把握让它不变，于是烦恼无穷无尽。倒不如尽量放下，烦恼自然会渐渐减少。话虽如此，又有谁能放下呢?

许多人都有贪得无厌的毛病，正因为贪多，反而不容易得到。结果患得患失，徒增压力、痛苦、沮丧、不安，一无所获，真是越想越得不到。

有个孩子把手伸进瓶子里掏糖果。他想多拿一些，于是抓了一大把，结果手被瓶口卡住，怎么也拿不出来。他急得直哭。

佛陀对他说：“看，你既不愿放下糖果，又不能把手拿出来，还是知足一点吧！少拿一些，这样拳头就小了，手就可以轻易地拿出来了。”

在生活中，要学会“得到”需要聪明的头脑，但要学会“放下”却需要勇气与智慧。普通的人只知道不断占有，却很少有人学会如何放下。于是占有金钱的为钱所累，得到感情的为情所累……佛家劝人们放下，不是要人们什么事情都不做，是说做过之后不要执著于事情的得失成败：钱是要赚的，但是赚了之后要用合适的途径把它花掉，而不是试图永远积攒；感情是应该付出的，不过不必要强求付出的感情一定得到回报，更何况什么天长地久。如果我们学会了“放下”的智慧，那么不仅会利益周围的人，更是从根

本上解脱了我们自己。

当佛陀在世的时候，有位婆罗门的贵族来看望他。婆罗门双手各拿一个花瓶，准备献给佛陀作礼物。

佛陀对婆罗门说："放下。"

婆罗门就放下左手的花瓶。

佛陀又说："放下。"

于是婆罗门又放下右手的花瓶。

然而，佛陀仍旧对他说："放下。"

婆罗门茫然不解："尊敬的佛陀，我已经两手空空，你还要我放下什么?"

佛陀说："你虽然放下了花瓶，但是你内心并没有彻底地放下执著。只有当你放下对自我感观思虑的执著、放下对外在享受的执著，你才能够从生死的轮回之中解脱出来。"

在我们寻常人的眼里，世间的万法往往是被认为是实有的，加之我们以固有的观念去看待世间的万物，因而在我们主观的视角中便产生畸形的人生观，当作衡量世间一切事物的尺度，因而使我们深深地被是非、烦恼困扰住了。于是人生就平生起了许多的痛苦，而我们自身又无法摆脱这种痛苦的缠绕。显然，我们要摆脱世间各种烦恼的缠缚，单纯地依靠世间的智慧，无疑是不可能实现的，有时我们还需要一种勇气、一种敢于"放下"的勇气。比方说我们对某些事"求不得"时，就会想尽一切办法努力去争取实现其目的，而当这一目的被实现之后，新的欲求又将会接着产生，由是转而产生新的烦恼，如此则永无了期。此时此刻，如果我们心中能够产生一种"放下"的勇气，这个烦恼也就有了期限。

懂得"放下"，是一味开心果、一味解烦丹、一道欢喜禅。只要我们能够适时地"放下"，何愁没有快乐的春莺在啼鸣，何愁没有快乐的泉溪在歌唱，何愁没有快乐的鲜花在绽放。

何不放下

有一个人出门办事，跋山涉水，非常辛苦。有一次他经过险峻的悬崖，一不小心，跌到深谷里去了。眼看生命危在旦夕，他的双手便在空中攀抓，刚好抓住悬崖壁上枯树的老枝，总算保住了性命，但是人悬荡在半空中，上下不得，进退维谷，不知如何是好。这时，他忽然看到慈悲的佛陀站在悬崖上，正慈祥地看着自己。

此人如见救星般赶快求佛陀："佛陀!求求您慈悲，救我吧!"

"我救你可以，但是你要听我的话，我才有办法救你上来。"佛陀慈祥地说。

"佛陀，到了这种地步，我怎敢不听您的话呢?随您说什么，我全都听您的。"

"好吧!那么请你把攀住树枝的手放下!"

此人一听，心想："把手一放，势必掉到万丈深渊，跌得粉身碎骨，哪里还保得住性命?"

因此他更是抓紧树枝不放，其不知在他脚下一米之处便是平地。佛陀看到此人执迷不悟，只好离去。

"放下"是非常不容易做到的，有了权势，就对权势放不下；有了功名，就对功名放不下；有了金钱，就对金钱放不下；有了爱情，就对爱情放不下；有了事业，就对事业放不下。

因为放不下，所以会经常被这些外物羁绊；因为太在意，所以，终日忧愁挂怀，难以超然洒脱，愉快地享受生活中的每一次欣喜。如果说当一个人得不到他所求的东西时，他难以快乐，那么，得到了就该快乐了吧？然而，事实并非如此。当一个人用尽全力，甚至不惜倾尽所有得到了他想要的东西时，他会失望地发现原来梦想和现实，追求与获得之间的差距竟然如此巨大。他依然是不快乐的。

那么，我们为什么总是不快乐？因为我们总是放不下，不能够超脱，不能够不在意，禅境中所讲的随意、随性、随缘，我们做不到。其实，所有的事你何必去在意结果？放下心里的那些重担，尽自己所能，将所有的事情做到最好，并在做的过程中享受属于自己的快乐，这已足够。反之，如果你总是刻意追求一种结果，那么，你永远都无法快乐。因为，人的贪欲永远都无法填平。而且，你很可能因为贪欲太盛而扭曲自己的本性。

有一对很要好的朋友在树林里散步，突然看到有个乞丐慌慌张张地从丛林中跑出来，便问道：“什么事让你这么惊慌失措?”

乞丐说：“太可怕了，我在树林里挖到一堆金子!”

两个人心里一惊：“这个人真是傻瓜!挖到黄金，这么好的事情居然觉得害怕!”于是他们问道：“你在哪里挖到的?能告诉我们吗?”

乞丐问：“这么厉害的东西，你们不怕吗?它会吃人的!”

那两个人不以为然地说：“我们不怕，请你告诉我们在哪儿吧!”

乞丐说：“就在森林最东边的那棵树下面。”

两个朋友立刻找到那个地方，果然发现了很多金子。

于是，一个人对另一个人说：“这个乞丐真是愚蠢，有了这些金子他根本用不着再讨饭了，人人渴望的金子在他眼里却成了吃人的东西!真是个傻瓜，难怪要一辈子要饭。”

另一个人也随声附和地点头称是。

他们于是讨论怎么处置这些金子，其中一人说：“白天拿回去不太安全，还是晚上再拿回去吧。我在这儿看着，你回去拿些饭菜，我们等到天黑再行动。”

另外一个人就照他说的去做了。留下的那个想：“如果这些金子都归我一个人多好呀。等他回来，我就用棍子打死他，这些金子就都属于我了。”他开心地笑了。

回去拿饭的那个也在想，独占这些金子该多好呀，于是就在饭菜里下了毒，要毒死自己的朋友。

可他刚回到树下，他的朋友就用木棍将他打死，然后说道：“亲爱的朋友，我本不想杀你的，可是这堆金子逼迫我这样做呀。”

之后，他拿起朋友送来的饭菜，狼吞虎咽地吃起来了。没过多久，他就觉得肚子里如火烧一样，他知道自己中毒了，临死前他无限感叹地说：“乞丐说的话真是一点都不错呀！”

这就是人性中最黑暗的那一面的真实写照。死亡皆因贪欲而起，朋友间的相互信任、相互依赖在瞬间土崩瓦解。受功名利禄的诱惑，我们连生命都难以保证，何谈快乐？佛陀说：“放下，旨在告诉我们放下贪欲就是放下危险，放下忧愁。这样我们才能得到快乐。

放下才能得到，如果总是难以割舍，你只会抓着忧愁越走越累。

心中空明人自明

“善知识，莫闻吾说空，便即著空。第一莫著空，若空心静坐，即著无记空。”针对《坛经》中的这“虚空”一说不少禅师都做过解释，从谂禅师便是其中一位。从谂禅师曾经作过一首名为《鱼鼓颂》的诗偈，其偈中就暗藏了对虚空的认识——

四大由来造化功，有声全贵里头空。
莫嫌不与凡夫说，只为宫商调不同。

这首《鱼鼓颂》是从谂禅师在回答众人提问后的即兴之作。偈中的“鱼鼓”是鱼形木鼓，寺院用以击之以诵经的法器。他的这首偈可以这样理解：一切事物都是由地、水、火、风“四大”物质和合而成，“鱼鼓”自然也不例外。只不过大自然对它情有独钟，“造化”更为精巧工致而已。“鱼鼓”有声，妙在内无。这个道理凡夫俗子是不明白的，因为他们观察事物和认识人生的方法与禅者有所差异，有如音律中的宫商不尽相同一般。

从谂禅师借此偈喻指参禅悟道也应与鱼鼓一样，全然在“空”字之中：心中空明，禅境顿生。

唐代太守李翱听说药山禅师的大名，就想见一见他的庐山真面目。李翱四处寻访、跋山涉水终于在一棵松树下见到了药山禅师。

李翱恭恭敬敬地提出自己的问题，没想到药山禅师眼睛没有离开手中的经卷，对他总是不理不睬。一向位高权重的李翱怎么能够忍受这种怠慢，于是打算拂袖而去：“见面不如闻名。”这时药山禅师不紧不慢地开口了：“为什么你相信别人的传说而不相信自己的眼睛呢?”

李翱悚然回头，拜问：“请问什么是最根本的道理?”

药山禅师指一指天，再指一指地，然后问李翱：“明白了吗?”

李翱老实回答：“不明白。”

药山禅师提示他：“云在青天水在瓶。”

李翱这才明白，激动之下写道：“证得身形似鹤形，千株松下两函经。我来问道无余话，云在青天水在瓶。”

药山禅师实际上是提示李翱，只要保持像白云一样自如自在的境界，何处不能自由，何处不是解脱？然而，在这个日益繁杂的社会中，大多数人都变得焦躁不安、迷失了快乐。唯一可以改变这种状态的办法便是保持内心的空明，于静处细心体味生活的点滴，让生活还原本色。

老街上有一铁匠铺，铺里住着一位老铁匠。由于没人再需要他打制的铁器，现在他以卖拴狗的链子为生。

他的经营方式非常古老。人坐在门内，货物摆在门外，不吆喝，不还价，晚上也不收摊。无论什么时候从这儿经过，人们都会看到他在竹椅上躺着，微闭着眼，手里是一只半导体，旁边有一把紫砂壶。

他的生意也没有好坏之说。每天的收入正够他喝茶和吃饭。他老了，已不再需要多余的东西，因此他非常满足。

一天，一个古董商人从老街上经过，偶然间看到老铁匠身旁的那把紫砂壶，因为那把壶古朴雅致，紫黑如墨，有清代制壶名家戴振公的风格。他走过去，顺手端起那把壶。

壶嘴内有一记印章，果然是戴振公的。商人惊喜不已，因为戴振公在世界上有捏泥成金的美名，据说他的作品现在仅存三件：一件在美国纽约州

立博物馆；一件在台湾故宫博物院；还有一件在泰国某位华侨手里，是他1995年在伦敦拍卖市场上，以60万美元的拍卖价买下的。

古董商端着那把壶，想以15万元的价格买下它，当他说出这个数字时，老铁匠先是一惊后又拒绝了，因为这把壶是他爷爷留下的，他们祖孙三代打铁时都喝这把壶里的水。

虽没卖壶，但古董商出现的那天，老铁匠有生以来第一次失眠了。这把壶他用了近60年，并且一直以为是把普普通通的壶，现在竟有人要以15万元的价钱买下它，他有点想不通。

过去他躺在椅子上喝水，都是闭着眼睛把壶放在小桌上，现在他总要坐起来再看一眼，这让他非常不舒服。特别让他不能容忍的是，当人们知道他有一把价值连城的茶壶后，总是拥破门，有的问还有没有其他的宝贝，有的甚至开始向他借钱，更有甚者，晚上也推他的门。他的生活被彻底打乱了，他不知该怎样处置这把壶。当那位商人带着30万元现金，第二次登门的时候，老铁匠再也坐不住了。他招来左右邻居，拿起一把锤头，当众把那把紫砂壶砸了个粉碎。现在，老铁匠还在卖拴小狗的链子，据说今年他已经101岁了。

老铁匠的内心随着茶壶的升值而波动不平起来了，生活中原本的宁静与安详被打破了，很显然这突如其来的“好运”并没有给老人带来快乐，相反老人的内心却承受着煎熬。在沉思之后，老人最终悟得了“虚空”的禅机。也是在老人举起锤头的那一刹那，他找回了原本属于自己的那份安详与宁静。

不管你选择了什么为“道”，如果将其视为唯一重要之事而执著于此，就不是真正的“道”。唯有达到心中空无一物的境界，才是“悟道”。无论做什么，如果能以空明之心为之，一切都能轻而易举了。

拂去心头的妄念

“菩提本无树，明净亦非台。本来无一物，何处惹尘埃。”六祖惠能禅师的这首诗偈是在听了别人口念神秀所作“身是菩提树”之偈有感而发的。惠能称“菩提本无树，明镜亦非台”，主要在于打破修持中对身心的执著。神秀将染净、圣凡绝对地对立起来，要求人们“时时勤拂拭，莫使惹尘埃”。但在惠能看来，心生种种法生，心灭种种法灭，染净、圣凡关键在于自心一念，心生善端即为善，心生恶念即为恶。心性自然，本来清净。故云“本来无一物，何处惹尘埃”。

妄念，又称为“妄想”。例如，我们早晨睁眼，脑筋里不断想事情，种种念头、种种幻想、公事私事、人我是非、历年的陈年往事，就会像电影一样一幕一幕地过去，又像奔流不息的瀑布，没有一分一秒停止。心中有很多割舍不下的事或物，那么妄念是很难被清除的。

从前有一位名叫金碧峰的高僧，他有很深的禅定功夫。他禅定功夫已经到达无念的境界，只要一入定，任何人都找不到他。

有一天，皇帝送他一个紫金钵。他心里非常高兴欢喜，于是对钵起了贪爱之念。

一日，金碧峰的阳寿将尽，阎罗王便派了两个小鬼前来索命，可是任

他们东寻西找，就是找不到金碧峰的魂魄！

俩小鬼不知道该怎么办。于是，去找“土地”帮忙，“土地”对小鬼说：“金碧峰已经入定了，你们根本找不到他的。”

俩小鬼央求“土地”为他们出个主意帮帮他们，否则回去没法向阎罗王交差。

“土地”想一想说：“金碧峰他什么都不爱，就爱他的紫金钵，如果你们想办法找到他的紫金钵，轻轻地弹三下，他自然就会出定。”

于是，两个小鬼东找西找，找到了紫金钵，轻轻地弹了三下。

当紫金钵一响，果然！金碧峰出定了！说：“是谁在碰我的紫金钵。”

小鬼就说：“你的阳寿尽了，现在请你到阎王爷那儿去报到。”

金碧峰心想：“糟了！我修行这么久，结果还是不能了脱生死，都是贪爱这个钵害的！”

于是，就跟小鬼商量：“我想请几分钟的假，去处理一点事情，处理完后，我马上就跟你们走。”

小鬼说：“好吧！就给你几分钟。”

于是，金碧峰将紫金钵往地上一摔，砸得粉碎。然后，双腿一盘，又入定去了。这一回，任两个小鬼再怎么找，也找不到他了。

人的头脑犹如一个大容器，装进什么样的信息就储存什么样的信息。如果人通过各种信息渠道得到的都是暴力、色情、拜金主义及现实社会中的利益争斗，这些不良信息就会在人的大脑中产生各种妄念，而且这些妄念不会自生自灭，经过一段时间之后会逐渐形成固定的观念长久地占据人的大脑。清除妄念的最好方法就是大量接受真诚、善良、宽容等良性信息，以人的正念取代脑中的妄念与邪念，其他任何人为的强制方法都难以消除思想中的妄念。

佛陀带领众弟子云游四方十年后，回到了山上寺院前的一块草地上。佛陀说：“十年云游，你们一定增长了许多见识。现在师傅给你们上最后一课。你们看，旷野里有什么？”

众弟子一听，都笑了，齐声说：“旷野里长满杂草。”

佛陀又问：“你们该怎样除掉这些杂草？”弟子们很惊讶，他们没想到师傅会问这么简单的问题。

第一个弟子说：“师傅，只要有一把铲子就够了。”佛陀点点头。

第二个弟子说：“师傅，用火烧。”佛陀笑了一下。

第三个弟子说：“师傅，在草上撒上石灰。”

第四个弟子说：“把草根挖出来，斩草除根就行了。”

待所有弟子们都说完了，佛陀告诉大家：“今天的课就上到这里。明天你们下山，按照你们自己的说法去除草，一年后再回来。”

一年后，弟子们都回来了。不过原来他们坐的地方已经不再是杂草丛生，它变成了一片长满庄稼的田地。这时，佛陀说：“今天我给你们补上这最后一课。要想除掉杂草，方法只有一种：那就是在上面种上庄稼。同样，要想让心灵不荒芜，唯一的方法就是修养自己的美德。”

对待妄念，我们要记住两个词：一个是“不忘”，另一个是“不起”。不忘“见宗自相光明”，不起“遮遣、成立、取舍”等心，这是最最重要的。这样，妄念突起时，不压制它、不随它跑，不产生任何爱憎、取舍之心，才能感悟到逍遥人生。

心无挂碍，日日都是好时节

在《坛经》中，惠能禅师曾一语道破“风动”与“幡动”的本质皆为“心动”。内心空明、不被外界所扰，这是坐禅者应该达到的基本境界，也是人们行事处世的快乐之本。

佛眼禅师曾做过一首名为《无题》的诗偈，正好诠释了惠能禅师的意思——

春有百花秋有月，夏有凉风冬有雪。
若无闲事挂心头，便是人间好时节。

此偈的首两句描写大自然的景致：春花秋月，夏风冬雪，皆是人间胜景，令人赏心悦目，心旷神怡。然而禅师将话锋一转又说，世间偏偏有人不能欣赏当下拥有的美好，而是怨春悲秋，厌夏畏冬，或者是夏天里渴望冬日的白雪，而在冬日里又向往夏天的丽日，永无顺心遂意的时候。这是因为总有“闲事挂心头”，纠缠于琐碎的尘事，从而迷失了自我。只要放下一切，欣赏四季独具的情趣和韵味，用敏锐的心去感悟体会，不让烦恼和成见梗住心头，便随时随地可以体悟到“人间好时节”的佳境禅趣。

一个无名僧人，苦苦寻觅开悟之道却一无所得。这天他路过酒楼，鞋带开了。就在他整理鞋带的时候，偶然听到楼上歌女吟唱道："你既无心我也休……"刹那之间恍然大悟。于是和尚自称"歌楼和尚"。

"你既无心我也休"，在歌女唱来不过是失意恋人无奈的安慰：你既然对我没有感情，我也就从此不再挂念。虽然唱者无心，但是无妨听者有意。在求道多年未果的和尚听来，"你既无心我也休"却别有滋味。在他看来，所谓"你"意味着无可奈何的内心烦恼，看似汹涌澎湃，实际上却是虚幻不实，根本就是"无心"。既然烦恼是虚幻，那么何必去寻找去除烦恼的方法呢？

只要我们正在经历生活，就免不了会有一些事情占据藏在心间挥之不去，让我们吃不下、睡不着，然而这些事情却并非那些重要而让我们非装着不可的事情，只是我们庸人自扰罢了。

有一位成功的商人，虽然赚了几百万美元，但他似乎从来不曾轻松过。

他下班回到家里，进入餐厅中。餐厅中的家具都是胡桃木做的，十分华丽，有一张大餐桌和六张椅子，但他根本没去注意它们。他在餐桌前坐下来，心情十分烦躁不安，于是他又站了起来，在房间里走来走去。他心不在焉地敲敲桌面，差点被椅子绊倒。

他的妻子这时候走了进来，在餐桌前坐下。他说声你好，一面用手敲桌面，直到一个仆人把晚餐端上来为止。他很快地把东西一一吞下，他的两只手就像两把铲子，不断把眼前的晚餐一一铲进口中。

吃过晚餐，他立刻起身走进起居室去。起居室装饰得富丽堂皇，意大利真皮大沙发，地板铺着土耳其的手织地毯，墙上挂着名画。他把自己投进一张椅子中，几乎在同一时刻拿起一份报纸。他匆忙地翻了几页，急急瞄了瞄大字标题，然后，把报纸丢到地上，拿起一根雪茄。他一口咬掉雪茄的头部，点燃后吸了两口，便把它放到烟灰缸去。

他不知道自己该怎么办。他突然跳了起来，走到电视机前，打开电视机。等到画面出现时，又很不耐烦地把它关掉。他大步走到客厅的衣架前，抓起他的帽子和外衣，走到屋外散步。他持续这样的动作已有好几百次了。他在事业上虽然十分成功，但却一直未学会如何放松自己。他是位紧张的生意人，并且常常放不下公司里的那些琐碎事情。他没有经济上的问题，他的家是室内装饰师的梦想，他拥有四部汽车，但他却无法放松自己。为了争取成功与地位，他已经付出了自己全部的时间去获得物质上的成就，然而，他在拼命工作、拼命赚钱的过程中，却迷失了自己。

假如我们能够适时地将心中的那些烦心琐事抛开，解放迷茫的内心世界，就能找回在生活中迷失的自我。

投入生活，就会受到来自于诸多方面烦恼的干扰，常常令我们身心疲惫、痛苦不堪。然而心病还需心药医，只有我们从内心摆脱这些烦恼的束缚、将它们全部抛开，才能让心灵得到真正的轻松。

执著未必是好事

执著是寻求解脱的禁忌，古来如此。难怪六祖惠能的《坛经》上说——“善知识，内外不住，去来自由，能除执心，通达无碍，能修此行，与般若经本无差别。

执著或许在某些时候能够产生积极的效应，然而在大多数情况下执著未必是件好事。唐代著名的高僧寒山禅师所做过的《蒸砂拟作饭》的诗偈，正含此意——

蒸砂拟作饭，临渴始掘井。
用力磨碌砖，那堪将作镜。
佛说元平等，总有真如性。
但自审思量，不用闲争竞。

寒山禅师的这首诗偈与“磨砖成镜”这一公案的禅理相同——

开元中，有沙门道一住传法院，常日坐禅，师知是法器，往问曰：“大德坐禅图什么?”

一曰：“图作佛。”师乃取一砖于彼庵前石上磨。

一曰：“师作什么?”师曰：“磨作镜。”

一曰：“磨砖岂得成镜邪?”

师曰：“坐禅岂得作佛邪?”

后人常以“磨砖成镜”，来比喻哪些执著于无望事情的愚蠢行为。在寒山禅师的这首偈中的前四句连用“蒸砂做饭”、“临渴掘井”两个禅宗话头和“磨砖成镜”这一著名的禅门公案，指出参禅若寻不得正确途径，即便是有执著精神，也必然是南辕北辙、一事无成。

神赞和尚原来在福州大中寺学习，后来外出参访的时候遇见百丈禅师而开悟，随后又回到了原来的寺院。他的老师问：“你出去这段时间，取得什么成就没有?”神赞说：“没有。”还是照着以前的样子服侍师父，作些杂役。

有一次老师洗澡，神赞给他搓背的时候说：“大好的一座佛殿，可惜其中的佛像不够神圣。”见到老师回头看他，神赞又说：“虽然佛像不神圣，可是却能够放光!”

又有一天老师正在看佛经，有一只苍蝇一个劲儿地向纸窗上撞，试图从那里飞出去。神赞看到这一幕，禁不住做偈一首：“空门不肯出，投窗也太痴，百年钻故纸，何日出头时？”

他的老师放下手中佛经问到：“你外出参学期间到底遇到了什么高人，为什么你访学前后的见解差别如此之大?”神赞只好承认：“承蒙百丈和尚指点有所领悟，现在我回来是要报答老师您的恩情。”

神赞见到老师为书籍文字所困，不好意思直接点明，只好借助苍蝇的困境来指出老师的不足。文字语言都是一时一地的工具，事过境迁再执著于文字，就如同那只迷惑的苍蝇一样总是碰壁啦。

倘若一个人能够放下心中的那份执著、破除心理的固执念头，人生将会少许多烦恼、多些成功。相反，如果我们过于执著于那些本不该执著的事情，我们将会迷失更多的人生。

曾经有一对大学同学，他们彼此深恋着对方。后来因为一件看起来微不足道的小事闹翻了。毕业后他们天各一方，各自走过了一条坎坷的人生旅途。他们的婚姻都不太美满，所以时时怀念年轻时的那段恋情。如今他们都老了，一个偶然的机会，他们又相聚了。

他问她："那天晚上我来敲你的门，你为什么不开门？"

她说："我在门后等你。"

"等我？等我干什么？"

"我要等你敲第十下才开门……可你只敲了九下就停下来了。"

这个女人为这事后悔不已。她后悔自己过于执拗，她完全可以在他敲第九下的时候将门打开，或者在他离去时把他叫回来，这样她已经很有面子了。为什么非要坚持等那第十下不可呢？

这段遗憾仅缘于女人过于执著那多出来的一次敲门而已。其实，人生有很多无谓的错过，有时是因为固执地坚持了不该坚持的。

有一种鱼，长得很漂亮，银肤燕尾大眼睛，平时生活在深海中，春夏之交溯流产卵，顺着海潮漂游到浅海。渔民捕捉它的方法挺简单：用一个孔目粗疏的竹帘，下端系上铁，放入水中，由两只小艇拖着，拦截鱼群。这种鱼的"个性"很强，不爱转弯，即使闯入罗网之中也不会停止。所以一只只"前赴后继"地陷入竹帘孔中，帘孔随之紧缩。竹帘缩得愈紧，它们愈激怒，更加拼命往前冲，结果都被牢牢卡死，最终被渔民所捕获。

我们又何尝不是如此。我们总喜欢给自己加上负荷，轻易不肯放下，自诩为"执著"，我们执著于名与利，执著于一份痛苦的爱，执著于幻想的美梦，执著于空想的追求。数年光阴逝去之后，我们才枉自嗟叹于人生的无为与空虚。我们常常自我勉励："我想当科学家"，"我一定要得到诺贝尔文学奖"……可是很多时候，这些理想与追求反而成为了我们的一种负担，好像冥冥之中有人举着鞭子驱逐着我们去追求一些我们可能永远也追求不上

的东西。

人生苦短，韶华易逝。选定目标就要锲而不舍，以求“金石可镂”。但如果目标不合适，或客观条件不允许，与其蹉跎岁月，徒劳无功，还不如干脆放下。当你放下那些宏大而美丽的理想，选择伸手可及的目标时，或许局面会瞬间柳暗花明，实实在在的幸福正等在你的身旁。

思虑荣辱，难成大事

在这个社会上，“人活一张脸，树活一张皮”已成为了许多人的处世原则。的确，荣辱得失是人生中需要关心的问题，但若过于将它们看重了，它们必将远离我们。

《坛经》上说“盖为一切众生，自蔽光明，贪爱尘境，外缘内扰，甘受驱驰。”正是我们过于将得失牵挂于心，才会被欲望、利益所驱使，迷失自我。

唐代拾得禅师曾作一首名为《般若酒泠泠》的诗偈，描写了禅者不流于俗、无思无虑、宠辱不惊的超然自在心境——

般若酒泠泠，饮多人易醒。
余住天台山，凡愚那见形？
常游深谷洞，终不逐时情。
无私亦无虑，无辱也无荣。

此偈寓意深刻，拾得禅师认为，智慧的甘露如同清冽的美酒，可使人的头脑愈发清醒，让人体味到自隐深山不计年的快乐。终年优游于深谷幽洞之中，凡愚之人自难见其身影，从不追逐世间的习尚和流俗。这样就将思虑

荣辱置之度外，进入了洒脱幽静、怡悦超然的境界。

我们应该有着向前看的目光，不应计较那些无谓的恩怨得失，才能放下包袱将当下的事情做好。其实有些时候只要我们能够静下心来细心思索，也就不会将眼前的得失荣辱及挂于心上了，也惟有这样的人才能有所作为。

东汉末年，群雄纷争、豪强并起。曹操为了扩大势力，便派人向拥有大量藤甲兵的许攸游说，希望能将收为己用。

使者对许攸说："我家主公仁爱尊贤，早晚必成大事。他敬重你是一方豪杰，希望能和你共谋大事。你若投效到我家主公门下，他必会重用你的。否则，以你的势力，终会被别人所吞没啊。"

许攸不肯归附，他说："曹操表面谦恭，实际上奸诈凶狠，他怎会对我有好意呢?我是被他所欺骗的。"

使者把许攸的话报告了曹操，曹操却不生气，他对手下人说："不战而屈人之兵，这才是上策。许攸不投降于我，也许是我的诚意还不够啊。"

曹操又派人前往，而且携带了重礼。不想未等使者开口劝降，许攸便破口大骂说："曹操小儿把我当小孩耍，这点钱财就想买我万千藤甲兵吗?你欺人太甚，日后我抓到了，一定把他碎尸万段！"许攸痛打了使者一顿，然后将他放回。

曹操这次被激怒了，他召集众将说："许攸不识抬举，对我无礼，我一定要先灭了他。"曹操气得脸色发青，众将心中害怕，都不敢开口。曹操的谋士杜袭没有直接劝他改变主意，而是问曹操说："你认为许攸是个什么样的人呢?"

曹操脸色阴沉，说："许攸不过是个凡夫俗子，他算什么东西!"

杜袭说："许攸确实不是个东西，他哪里值得让您这样记恨他呢？只有英雄惜英雄，许攸微不足道，他是不会了解你这非凡之人的心意的。所以说，你千万不要和他一般计较。现在群雄并起，我们的敌人远不止几个，您若要称雄天下就要放开心胸，尽力多收服像许攸这样的小股势力。只要你忘记许攸对你的不敬，耐心劝说他，他一定会归降的。"

曹操的心胸并不狭窄，他马上就醒悟了。他又多次派人招降许攸，终于感动了许攸，把他收归自己的门下。曹操有做大事的气度，他原谅了许攸的无礼，结果不动刀兵就收到了奇效，增加了自己的实力。

天空收容每一片云彩，不论其美丑，所以天空广阔无边；高山收容每一块岩石，不论其大小，所以高山雄伟无比；大海收容每一朵浪花，不论其清浊，所以大海浩瀚无边。只有能将得失荣辱看得清了，才真正学会了生活、学会了处世。

放下烦恼

一个年轻人来到禅院，他与禅师一边品茶，一边聊天。突然他问了一句："什么是团团转?"

禅师随口答道："皆因绳未断。"

年轻人听了顿时目瞪口呆。

禅师问："你为什么如此惊讶?难道我答错了?"

"不，师傅，我惊讶的是您是如何知道的?来的路上，我看到一头牛被绳子拴了犄角缠在树上，它想离开树到草地上去吃草，结果它转过来转过去都不得脱身。师傅没看见，怎么一下子就答对了呢?"

禅师微笑着说："咱们说的是两回事。你说的是事，我说的是理。你问的是牛被绳索而不脱，我说的是心被俗物缠绕而难以超脱。一理通百事啊。"

尘世的诱惑和牵绊都是绳索。芸芸众生就像那头牛一样，被烦恼、忧愁、痛苦的绳索束缚着，生生死死不得解脱。那么，我们是否就只能一直被外物所牵绊？不，我们至少还有选择放下的权力，放下所有让心灵难以轻松的东西，最终达到一种自在的境界。

有一个中年人，年轻时追求的家庭事业都有了基础，但是却觉得生命空虚，感到彷徨而无奈，而且这种情况日渐严重，到后来他不得不去看医生。

医生听完他的陈诉，开了四个药方，对他说："你明天9点钟以前独自到海边去，不要带报纸杂志，不要听广播，到了海边，分别在9点、12点、3点、5点，依序各打开一个药方，你的病就会好的。"

那位中年人将信将疑，但还是依照医生的嘱咐来到了海边，看到晨曦中的大海，心灵为之一震，心情也跟着变得开朗了。

9点整，他打开第一个药方，上面写着“谛听”二字。于是他坐下来，倾听风的声音、海浪的声音，他感觉到自己的心跳与大自然的节奏是那么的协调，很久没有这么安静地坐下来听了，他感觉自己的身心仿佛得到了清洗，突然觉得很舒爽。

12点，他打开第二个药方，上面写着“回忆”二字。他开始从谛听外界的声音转回来，回想从前：童年时的无忧、青年时的艰辛；父母的慈爱、朋友的友谊，生命的力量与热情又重新燃烧起来了。

下午3点，他打开第三个药方，上面写着“检讨你的动机”。他记得早年创业时，怀有远大的理想，为了追求人生的福祉，他热诚地工作。可等到事业有成了，全然忘记了当初的信念，只顾着赚钱，失去了经营事业的喜悦，又由于过于强调自我，也不再关心别人的冷暖。想到这里，他已深有领悟。

到了黄昏的时候，他打开最后一个药方，上面写着：“把烦恼写在沙滩上。”他走进离海最近的沙滩，写下了他的烦恼，可是一波海浪立即淹没了它们，洗得沙上一片平坦。他愣住了。

他终于悟出了生命的意义。在回家的路上，他再度恢复了生命的活力，空虚与彷徨也消失得无影无踪了。

这则故事颇具禅的意味。“把烦恼写在沙滩上”，就是要放下、要舍却，沙滩上的字被海水一冲就流走了，缘起性空才是生命的真相，能悟出这一层，放下就没那么困难了。唯舍却外物的附庸，方有真性情的流露，方能成为自己的主人，这是生活本色的自然呈现。

既然无从选择超脱外物，那就只有超脱自身，任世间风起云涌，我只清茶淡酒，独享一份宁静。

积聚金钱并不是最重要的事情

一位年轻人在岸边看到水中有一块闪闪发亮的金块，他很高兴，赶紧跳进水里捞取。但是任凭他怎么捞都捞不到。筋疲力竭、全身既湿又脏的他只好上岸休息，没想到在水波平静之后，金块又出现了。

他想："水中的金块到底在哪里呢?我明明看到了，为什么却捞不到呢?"于是，他又跳下去捞，结果还是没有捞出来，他实在很不甘心。

这时，佛祖出现在他面前，看到他全身湿淋淋又脏兮兮的，问道："发生了什么事?"

年轻人回答："我明明看到水中有金块，但是不管怎么捞都捞不到。"

佛祖看看平静的水面，再抬头望着树，说："你看，金块不是在水中，而是在树上!"

许多人都如同这个年轻人一样，把积聚金钱看成人生最重要的事情去做，结果却劳而无功，不仅没有得到金钱，而且还丢掉了比金钱更宝贵的东西，金钱有时同样是可遇而不可求的，倘若你为了得到金钱，不惜破坏或舍弃自己的人格。那么，你得到了金钱又能如何？

一个人是否有钱，与做人没有太大关系。在我们的周围，能把事做好的不一定是有钱人，能把人做好的不一定是没钱人，但最佳的成功之道是有钱把事情做好，没钱把人做好。

现实生活中，金钱确实非常重要，我们要生活，就必须用钱来购买一切生活用品。但问题是，现代人的"生活必需品"较之从前的人是越来越多了。人们对精神层次的追求也越来越高，要满足精神需求所要付出的代价也往往随之升高，而这种代价多数情况下都是金钱的代价。如此来看，现在的人是不可能感到金钱够用的。

当然，还有另外一个原因，那就是不管赚多少，都还想要更多的贪念。我们一旦被“必须要更多”的钩子钓上，一生便无法摆脱这个束缚了。是的，这种心理的产生也有一定的理由，这种理由便是通货膨胀的威胁。即使拥有的再多，我们也会担心万一金钱贬值，到我们衰老的时候，便没有足够的钱维持我们现在的生活水平。

的确，钱财在某种程度上能够证明一个人是否成功，钱也使你不必担心账单无法支付。可是，除此之外，它似乎不再有其他的好处。

一个人即便再有钱，一次吃的牛排也是有数的。所以，金钱多的人未必就拥有幸福，他只是不必为付钞票担忧罢了。

有多少人为争夺前人留下的一笔遗产而与家人大打出手、弄得鸡犬不宁、妻离子散？这实在是人世间的一种悲哀，他们根本不知道生命中最重要的是什么。他们因为贪婪而败坏了原本幸福快乐的家庭，他们虽然怀抱着金钱，却只能与孤寂、悲哀为伴。

每个人都应小心控制自己对金钱的欲望，要时刻提醒自己，金钱只是控制你合理生活的一个工具，除此之外，若有多余的钱，也只是你努力工作的报偿。不要把积聚金钱当做你人生最重要的事，你的健康、家庭和朋友，才是快乐生活的保障。

放下你的优越感

如果一个人总是把他的优越感摆在别人面前，那是一种无礼、无智，以势压人的愚蠢行为。而且最终只会遭到他人的攻击和唾弃。

从前，有一位女施主，家境非常富裕，不论是财富、地位、能力、权力，还是美丽的外表，都没有人能够比得上她，但她整天总是郁郁寡欢的样子，连个可以谈心的朋友都没有。由于优越感的驱使，她会在有意无意中伤害别人，久而久之连最亲密的朋友都疏远她了。于是她就去请教无德禅师，如何才能使自己具有魅力，以赢得别人的喜欢。

无德禅师告诉她道："如果你能随时随地和各种人合作，并具有和佛一样的慈悲胸怀，讲些禅话，听些禅音，做些禅事，用些禅心，那你就一定会成为有魅力的人。"

这位女施主听完后非常开心，虔诚地问道："那禅话怎么讲呢?"

无德禅师道："禅话，就是说欢喜的话，说真实的话，说谦虚的话，说利人的话，而不是说处处显示自己优越的话。"

女施主接着又问道："那禅音又要怎么听呢?"

无德禅师答道："禅音就是化一切音声为微妙的音声，把辱骂的音声转为慈悲的音声，把毁谤的音声转为帮助的音声，把不屑的音声变为尊重的音声，把娇纵的音声变为体贴的音声，同时哭声、闹声、粗声、丑声，你都能不介意，那就是禅音了。"

女施主再问道：“禅事怎么做呢?”

无德禅师回答说：“禅事就是布施的事，慈善的事，服务的事，合乎佛法的事。”

女施主更进一步问道：“禅心是什么呢?”

无德禅师道：“禅心就是你我一如的心，圣凡一致的心，包容一切的心，普利一切的心。说到底要有一颗善良慈悲的心。”

女施主听后，一改从前的骄气，在人前不再夸耀自己的财富了，也不再自恃自我的美丽，没有了以前那种不可一世的优越感了，对人总是谦恭有礼，对朋友尤能体恤关怀，大家变得都很喜欢她了。

现代社会，似乎很多人都有一种莫名其妙、不知所以的优越感，当地人看不起外地人，大城市的人看不起小城市的人，城市人看不起农村人，富人看不起穷人，白领看不起蓝领。

这种优越简直有点浅薄、可笑。其实，每个生命都是值得尊重的存在，都有令人感动的地方，这种莫名其妙的优越感只能彰显自己的幼稚与肤浅。一个懂得人生的人，绝不会轻易去否定或忽略一个人，因为任何一个生命都有别人不可超越的价值和特质。而拥有这种心理的人也一定是一个品德高尚的人。还是讲一个真实的故事来证明这一切吧！

有一年冬天，在一个寒风凛冽的夜晚，有一位老人正在河口等待渡河。

一个接一个的骑士从他身边经过，但是他都没有开口求助。当最后一个骑士过来时，老人终于开口了，说：“先生，您能不能载我到对岸去?”这位骑士愉快地答应了，他不仅把老人载过了河，还送他到几英里外的目的地。

快到时，这位骑士好奇地问：“先生，我注意到您眼睁睁地看着前面几个骑士经过，而直到我来时你才来求助，这是为什么呢?”

老人不慌不忙地回答：“我很会看人的，我看其他骑士的眼光，马上就了解到他们根本就不关心我的状况，他们都有着一种贵族的优越感，而对

于卑微的我他们甚至有一种不屑和嫌弃。但是当我看您的眼光时，很明显地找到了仁慈和怜悯。”

这位骑士不是别人，正是美国历史上的第三位总统——托马斯·杰克逊。

托马斯·杰克逊出身贵族，接受过最好的学校教育，又极富卓越的思想和才能，为美国社会做出了杰出的贡献，但他却没有丝毫的优越感，而总是以仁慈的心对待每一个卑微的人。他是一个懂得生命的人，所以才被尊为“人民的人”。

不可否认，人们的出身、教育、能力、外貌总是存在差别的。但并不是说你的这些优越性可以拿来当做伤害别人的工具，杰克逊的修养、仁慈，造就了他崇高的地位并得到了国人的礼遇。我们都是平凡人，虽然无法得到杰克逊所拥有的，却至少可以让自己毫无优越感的待人接物的良好修养为自己赢得良好的生存氛围。

我们只是一个平凡不过的普通人，在任何人面前都不要让自己优越于人。

六、持舍得心，参清净禅

“舍得”一词，是佛家语，是禅境语。本意是讲万丈红尘扑朔迷离，人生在世总会有获得有舍却。舍与得互为因果，往与复本来是自如的，如果领略其中奥妙，自然可以打破分别之心。佛无分别心。无分别心，即无烦恼挂碍，心境圆融通达，万象归于一乘，人生有限之生命就会融入无限的大智慧中。

舍与得

舍，在佛家看来，就是对一切事物不起一点儿憎爱执著，并且能够不断地付出，不断地给予。

很久以前，有一座大香山，山里长着无数的荜拨树、胡椒树以及其他各种药草。荜拨树上常常栖息着一种鸟，名叫“我所鸟”。

每年春天药果成熟时，许多人便来到这里采摘药果，用这些药果治病，这时我所鸟总是悲伤地叫唤着：“这果是我所有啊!你们不要采摘!我心里真不愿意谁来采摘啊!”

它虽然这样叫喊，人们还是照旧采摘，一点也不理会它的哭嚎。这鸟命薄，忧伤地叫呀叫的，声声不绝，最后终于因为过于哀伤而死。

故佛有一偈曰：人执我所有，悭贪不能舍；纵以是生护，亦为无常夺。

“我所有”就是我所有的房屋、眷属、家产，这些身外之物可以利用它来维持我们的生命；而修行人所需要的仅是菜饭饱、布衣暖足矣，如贪求无厌，吝惜不舍，一旦失落，难免会像我所鸟那样哀叫而死。

有一天，佛主见路边地下埋有黄金，就对弟子说“下有毒蛇”。佛主走后，有个人不信，去挖土，挖出很多黄金来，一时暴富，被人告发。国王责怪他没有缴公，就判了他的罪，所以佛主说黄金就是毒蛇。

佛主还说人所有财物为五家所有，哪五家呢?为水所漂，为火所烧，为贼所盗，为子所败，为官府所抄。其实婆娑世界里的一切，都不是用来拥有的，而是用来舍的。一个人舍下一切则是真正的壮大，无牵无挂；一个人拥有一切便是沉沦苦痛的深渊。学会舍弃，免于物欲的奔逐、事物的执迷，才能获得人生的自在与豁达。

在巴勒斯坦有两个湖，这两个湖给人的感觉是完全不一样的。其中一个湖名叫加里勒亚湖，水质清澈洁净，可供人们饮用，湖里面各种生物和平相处，鱼儿游来游去，清晰可见，四周是绿色的田野与园圃，人们都喜欢在湖边筑屋而居。

另一个湖叫死海，水质的碱度位于世界之最，湖里没有鱼儿的游动，湖边也是寸草不生，了无生气，景象一片荒凉，没有人愿意住在附近，因为它周围的空气都让人感到窒息。

有趣的是，这两个湖的水源，是来自同一条河的河水。所不同的是：一个湖既接受也付出，而另一个湖在接受之后，只保留，不懂得舍却原来的水。

让河流动，方得一池清水，这是流水不腐的道理。舍而后得，这是人生的道理。

舍与得的问题，多少有点哲学的意味。舍得，舍得，先有舍才有得，不舍不得，小舍小得，大舍大得，舍即是得。舍是得的基础，将欲取之，必先予之，因而人生最大的问题不是获得，而是舍弃，无舍尽得谓之贪。贪者，万恶之首也。领悟了舍得之道，对于做人做事都有莫大的益处。做人，应该抛弃贪婪、虚伪、浮华、自私，力求真诚、善良、平和、大气。做事，应该有所为有所不为。

生活本来就是舍与得的世界，我们在选择中走向成熟。做学问要有取舍，做生意要有取舍，爱情要有取舍，婚姻也要有取舍，实现人生价值更要有取舍……正如孟子所说："鱼，我所欲也；熊掌，亦我所欲也。二者不可兼得，舍鱼而取熊掌者也。"人生即是如此，有所舍而有所得，在舍与得之间蕴藏着不同的机会，就看你如何抉择。倘若因一时贪婪而不肯放手，结果只会被迫全部舍去，这无异于作茧自缚，而且错过的将是人生最美好的时光，即使最后能获得什么，那也是一种得不偿失!何苦来哉？

舍与得之间的抉择是一种生活的艺术，亦是一种人生哲学。是否舍得就看你的慧量有多少了。

超脱尘世物欲的羁绊

富而不悦者常有，贪而忌忧者亦多。安贫乐道，不为物欲所驱，方能具入世之身而怀出世之心。

古印度有个阿育王，是位护持佛法的大功德主。

他有一个弟弟出家修行得道，阿育王非常欢喜，稽首礼敬，希望弟弟能长期住在皇宫，接受他的供养。但是弟弟却认为：“世间的五欲——财、色、名、食、睡，是禅者至大的障碍，必须弃除，我们的心才能拥有真正的宁静与自在。我依山傍水，清心寡欲，自在如水中游鱼、空中飞鸟，为什么你要把我再次推入世间的泥沼呢?”

阿育王说：“在皇宫里，你也可以很自在呀?没有人敢阻碍你的。”弟弟却说：“我住在寂静的林野，有十种好处：一、来去自在；二、无我、无我所；三、随意所往，无有障碍；四、欲望减弱，修习寂静；五、住处少欲少事；六、不惜身命、为具足功德故；七、远离众闹市；八、虽行功德，但不求恩报；九、随顺禅定，易得一心；十、于空住，无障碍想。这些都是皇宫里所不具有的。”

阿育王面露难色地说：“话是不错，可是你是我的弟弟，我怎么忍心让你这样吃苦呢?”“我一点都不觉这样是苦，反而觉得很快乐。我已经脱离了人间的桎梏，为什么你又要让我再戴上五欲的锁链呢?我终日与自然万物同呼吸，与山色共眠起，我以禅悦为食，滋养性命。你却要我高卧锦绣珠玉的大床，可知我一席蒲团，含纳山河大地、日月星光之灵气。常行晏坐，有十种利益：一、不贪身乐；二、不贪睡眠乐；三、不贪卧具乐；四、无卧着席褥苦；五、不随心身欲；六、易得坐禅；七、易读诵经；八、少睡眠；九、身轻易起；十、欲望心薄。我已经从火汤炉炭的痛苦里解脱出来了，你说，我怎么可能再重入火坑，毁灭自已呢?”弟弟坚定地说。阿育王听了这一番剖白，就不再坚持自己的意见了，心中对于安贫乐道的修行人，以无为有的胸怀，生起更深的敬意。

空无，并不是一无所有，它只是让人们减少对物质的依赖，这样反而能照见内心无限的宝藏。而现代人，却不懂得安分，即使有了财富、情色、名位、权势，他们仍然在不停追逐，常常压得自己喘不过气来。

为了舒缓心情，有的人借着出国旅游去散心解闷，希冀能求得一刻的安宁，但终究不是根本之策。

佛经上说“少一分物欲，就多一分发心；少一分占有，就多一分慈悲”，这是禅者的安贫乐道。翻开禅史，会发现有的禅师，下一顿的饭还没有着落，却仍然悠闲地说：“没有关系，我有清风明月。”有的禅师，则是皇帝请他下山却不肯，宁愿以山间的松果为食，与自然同在。正所谓：“昨日相约今日期，临行之时又思维；为僧只宜山中坐，国事宴中不相宜。”

有一位富翁来到一个美丽寂静的小岛上，见到当地的一位农民，就问道：“你们一般在这里都做些什么呀?”

“我们在这里种田过活呀!”农民回答道。

富翁说：“种田有什么意思呀?而且还那么辛苦!”

“那你来这里做什么?”农民反问道。

富翁回答：“我来这里是为了欣赏风景，享受与大自然同在的感觉!我平时忙于赚钱，就是为了日后要过这样的生活。”

农民笑着说：“数十年来，我们虽然没有赚很多钱，但是我们却一直

都过着这样的日子啊!”

听了农民的话，这位富翁陷入了沉思。

也许，生活简单一点，心里负荷就会减轻一些。外出到远方，眼前的繁华美景，不过是一时的安乐，与其辛苦地去更换一个环境，不如换一个心境，任人世物转星移，沧海桑田，做个安贫乐道、闲云野鹤的无事人。

所以，人要真正获得自在、宁静，最要紧的就是安贫乐道。春秋战国时代的颜回“一瓢饮，一箪食，人不堪其忧，而回亦不改其乐”是一种安贫乐道；东晋田园诗人陶渊明“采菊东篱下，悠然见南山”是一种安贫乐道；近代弘一法师“咸有咸的味，淡有淡的味”也是一种安贫乐道。

那么，为什么唯有他们才能做到乐道呢？那是因为他们超脱了尘世俗物的羁绊，看清了人生真正最具价值的所在。

世事沧桑变幻，贫富皆尽体味。一切铅华洗净之后，粗茶淡饭亦是人生真正的滋味。

不因得到和失去而或喜或悲

世间事，凡有一得必有一失，凡有一失必有一得。当你终于成功了，失去的是青春；你终于事业有成了，失去的是健康；一些所谓的成功人士有许多女伴的时候，失去的也许是忠贞不渝的爱情和夫妻间的相濡以沫；儿孙满堂时，失去的却是一生。

我们出来做事，如果一点都放不开，什么也舍不得的话，很可能就什么也得不到；你捡起一块石头之后总也放不下的话，双手就不能用来干别的事了。

而一个人的精力总是有限的，如果什么都想得到，分心太散，则很可能什么也得不到，什么事也做不成。有的人总幻想做遍世上的一切工作，那太不现实了。人还是一辈子只做几件事好，但是要把那几件做得像个样子。

希尔·西尔弗斯坦在《失去的部件》中记述了这样一个故事：

一个圆环失去了一个部件，它旋转着去寻找这部件。因为缺少了部件，它的滚动非常缓慢，这使得它有机会欣赏沿途的鲜花，可以与阳光对话，和地上的小虫聊天，同蝴蝶吟唱……而这是它在完整无缺、快速滚动时无法注意、没能享受到的。但当它找到那部件后，因为滚得太快，它不能从容欣赏花，也没有机会聊天，因而失去了所有的朋友，一切都变得稍纵即逝……

在梦中的天姥山的石阶上，脚著谢公屐，看海日，闻天鸣，醒来便仰天长啸出门去，不肯摧眉折腰事权贵的李白选择了骑鹿游名山，失去了权势，却得到了开心颜。

在南山蜿蜒的小路上，东篱下，一个采菊的身影，挥罢衣袖，吟道："少无适俗韵，性本爱丘山。"在误落尘网三十年后，陶渊明选择了守拙归田园，失去了五斗米，却挺直了他的脊梁。

在惶恐滩头，在零丁洋里，文天祥一身浩然正气，不被利禄所惑，不为强暴所服，失去了生命，却得到了千古赞颂。

不是一切失去都只意味着缺憾。

在国家生死存亡的关头，为了个人的恩怨，为了一己之私，秦桧谗言献媚，一句"莫须有"，断送了祖国大好河山。是的，他得到了满足，却留下了千古骂名。

在列强任意践踏我们民族的危难中，为了荣登大宝，圆皇帝梦，袁世凯泯灭良知，断然签下了旨在灭亡中国的"二十一条"。是的，他得到了帝国主义的支持，最终却在绝望中死去。

在国家蓬勃发展的时候，在人民需要体恤的时候，为了金钱，为了虚荣，他忘记了信仰，背叛了人民，伸出了贪污之手。是的，他得到了一时的荣华，却最终难逃法网。

在人生道路上，在花花世界里，你是否看清：不是一切失去都意味着缺憾，不是一切得到都意味着圆满。

不要为失去的追悔伤心，也许失去意味着更好的得到，只要你选择的是纯洁而又美好的理想；不要为得到的而沾沾自喜，也许得到代表着你失去了更多，如果你选择的是虚荣而又自私的目标。

天台国清寺的两个诗僧，在幽静的林子里，在月光下对话。一问：世人谤我、欺我、辱我、恶我，如何？一答：你只需由他、任他、忍他，你且看他。

是啊，无论失去或得到，只需用一颗平静的心去面对，缺也会是圆。

得与舍的关系是很微妙的，一个人一生中可能只能得到有限的几样东西，甚至几点东西。而这些东西可能要用一生的时间来换取，所以在这个意义上人生是个悲剧。这个世界上有那么多东西，又有那么多美好的东西，可是那一切好像与你无关，它对于你只是作为一种诱惑出现，你只能眼睁睁看着别人将它拿走。如果一点都放不开，什么都舍不得，什么都想得到，就会活得很累。可是你本来就一无所有，甚至这世界上本来就无你，从这点看，你已经获得了几样东西，最起码获得了生命，和来世界走一遭的体验。上帝对你还是不错的，起码在这个美好纷繁的世界上旅游了这些许年，所以你看，你是不是又得到了许多？

参透了得与失，就不会得意忘形，也不会悲观失望，有一颗平常心，一颗从容心，就可以做事了。

生活的两面

俗话说“万事有得必有失”，得与失就像小舟的两支桨，马车的两只轮，得失只在一瞬间。失去春天的葱绿，却能够得到丰硕的金秋；失去青春岁月，却能使我们走进成熟的人生……失去，本是一种痛苦，但也是一种幸福，因为失去的同时也在获得。

所以得到与失去、追求与放弃，是现实生活中再平常不过的事情了，我们应该以一种平常、豁达的心态去看待。

一位大财主名叫提婆，为人刻薄、爱财如命，不但多方聚敛，就是一件极小的公益都不肯去做。家中虽藏有八万余两黄金，日常生活却过得和穷人一样，人们都非常讨厌他。他一死，没有子孙来继承财产，依照法律，财产全归国有，这下子人心大快，也不免议论纷纷。

波斯王深感疑惑，就去请教佛陀：“佛陀!像提婆这样悭吝的人，为什么今生会这么富有呢?”

佛陀微笑道：“大王，这是业报，是有前因的。提婆在过去世中曾供养过一位辟支佛，种了不少善根，所以得到了多生多世的福报，今生的富贵是他最后一次的余福了。”

波斯王又追问道：“他今生虽未行善事，但也未造恶业，在他生死相续的来生，能不能也像今生一样大富呢？”

佛陀摇摇头说：“不可能了!他的余福已经享尽，而今生又没有布施种福，来生绝对不可能再享受福报了。”

《因果经》有一首偈这样说道：

富贵贫穷各有由，夙缘分是莫强求。
未曾下得春时种，坐守荒田望有秋。

其实，人世间的事，无论好坏、善恶、得失、有无，都有其因果关系，没有任何一件事是可以脱离因果法则的。同样是人，为什么有人贫穷，有人富贵呢?这是因为有的人好吃懒做，悭吝不舍，整日游手好闲，不事生产，自然坐吃山空；有的人辛勤劳作，乐善好施，懂得广结善缘，自然生财有道。

在佛门里称布施为“种福田”，只要有播种，必然会有结果，但是何时才能收成，就有待因缘成熟了。悭贪之人应该知道喜舍结缘乃是发财顺利之因，不播种，怎有收成?而且布施应在不自苦、不自恼的情形下为之，否则就是不净之施，不是真心惠人!

有舍有得，舍与得是生活的两面。得到了这一面，就必然会舍去另一面。正如福祸相依一样。世界上有许多人因为各种原因失去了他们本该拥有的，也得到了别人无法得到的。

1880年，海伦·凯勒出生于美国亚拉巴马州的一个小镇，她从小聪明过人，但在19个月大的时候，一场暴病残酷地夺去了她视、听、说的全部能力。后来她在家庭教师莎莉文小姐的帮助下，靠着日复一日、年复一年的奋力拼搏，不但学会了读书、写作、说话，而且上了大学，并最终克服常人无法想象的困难，成为一名举世瞩目的大作家，著有《我生活的故事》等共14部作品，许多国家授予了她荣誉学位和勋章。她的著作不仅被译成了布莱叶盲文，而且还译成了其他各种语言在全世界出版发行，她的事迹不但鼓舞了全球的残疾人，而且也鼓舞着无数健全的人。透过她那传奇的人生经历，人

们对她身上那坚强的品质钦佩不已，这个双目失明的聋哑人，战胜三重残疾而创造了人生辉煌的传奇般经历，激励着一代又一代的人去为美好的明天而努力，去寻找自己在困境中更辉煌的生存方式。

海伦是不幸的。但因为这种不幸，使得她更渴望得到一种承认。所以，可以说苦难给了她不幸，同时也教给了她微笑面对生活让自己创造奇迹的勇气。相对于海伦而言，我们多数人是幸运的，而我们没有做出太大的成就是因为我们大多数人都存在着心理惰性。当然，也不是说因为有了类似海伦的经历就是好的。而是说这个世界其实一直都在遵守着能量守恒定律。生活让你失去了一部分，就必然会在另一部分中给你补偿。

有一个10岁的小男孩在一次车祸中失去了左臂，但是他很想学柔道。最终，小男孩拜一位日本柔道大师为师，开始学习柔道。他学得不错，可是练了3个月，师傅只教了他一招，小男孩有点弄不懂了。

一天，他终于忍不住问师傅：“我是不是应该再学些其他招法?”师傅回答说：“不，你只需要会这一招就够了。”小男孩并不是很明白，但他很相信师傅，于是就继续照着练了下去。

几个月后，师傅第一次带小男孩去参加比赛。小男孩自己都没有想到居然轻轻松松地赢了前两轮。第三轮稍稍有点艰难，但对手还是很快就变得有些急躁，连连进攻，小男孩敏捷地施展出自己的那一招，又赢了。就这样，小男孩迷迷糊糊地进入了决赛。

决赛的对手比小男孩高大、强壮许多，也似乎更有经验。关键时刻，小男孩显得有点招架不住了。裁判担心小男孩会受伤，就叫了暂停，还打算就此终止比赛，然而师傅不答应，坚持说：“继续下去!”

比赛重新开始后，对手放松了戒备，小男孩立刻使出他的那招，制服了对手，最终获得了冠军。

在回家的路上，小男孩和师傅一起回顾每场比赛的每一个细节，小男孩鼓起勇气道出了心里的疑问：“师傅，我怎么能仅凭一招就赢得了冠军？”

师傅答道：“有两个原因：第一，你几乎完全掌握了柔道中最难的一招；第二，据我所知，对付这一招唯一的办法是对手抓住你的左臂。”

生活就是这样，有时缺陷可以变成优势。所以，当你有缺陷时，不要为此忧伤，因为生活本来就有它的两面性，谁都无法逃离这个规则。

忍小舍谋大得

生活是一种付出—收获—付出的往复循环过程，而在整个循环过程中，付出是前提，收获是结果。假如你不舍小，那么就不可能有大得。比如说有只狐狸被猎人下套套住了一只爪子，它毫不迟疑地咬断了那只小腿，然后逃命。放弃一只腿而保全一条生命，这是一种智慧。

生活中，常有不好的境遇会不期而至，搞得我们猝不及防，这时，我们应该保持清醒的头脑，以微小的代价去换取最大的收益。

在滑铁卢大战中，大雨造成的泥泞道路使炮兵移动不便，可是拿破仑不甘心放弃最拿手的炮兵，而如果拖延时间，对方增援部队有可能先于自己的援军赶到，那样后果会不堪设想。然而在踌躇之间，几个小时过去了，对方援军赶到。结果，战场形势迅速扭转，拿破仑遭到了惨痛的失败。

拿破仑的失败足以证明：要取得战争的胜利，必须在最重要的主战场上集中优势兵力，全力以赴去争取胜利，而在不重要的战场上要肯于做出让步和牺牲，应该能够坦然接受次要战场上的损失和耻辱。同样的道理，在人生的战场上我们也应当学会放弃，敢于放弃，不要为眼前的一点利益斤斤计较，而应该倾注自己的时间和精力于主战场上，不必计较次要战场的得失与荣辱，不要怕在选择时会犯错误，因为错误常常是正确的先导。

在日常生活中，当我们与人发生矛盾或冲突时，只要不是什么原则问题，我们完全可以放弃争强好胜的心理，甚至甘拜下风，这样就可能化干戈为玉帛，避免两败俱伤；当我们在家庭生活中发生摩擦时，放弃争执，保持缄默，就可以唤起对方的恻隐之心，使家庭保持和睦温馨。

1965年9月7日，世界台球冠军争夺赛在纽约举行。路易斯·福克斯十分得意，因为他远远领先于对手，只要再得几分便可登上冠军宝座。这时，突然发生了一件令他意料不到的小事——一只苍蝇落在了主球上。路易斯开始时没在意，一挥手赶走了苍蝇，俯下身准备击球，可当他的目光落在主球上时，那只可恶的苍蝇又落到了主球上。

在观众的笑声中，路易斯又去拍打苍蝇，这时他的情绪明显受到了影响，而那只苍蝇却好像故意跟他作对似的，他一回到台盘，它也跟着飞回来，惹得在场观众哄堂大笑。路易斯的情绪恶劣到了极点，终于失去冷静和理智，愤怒地用台球杆去击打苍蝇，一不小心球杆碰到主球，被裁判判为击球，从而失去了一轮机会。本以为败局已定的对手约翰·迪瑞见状，勇气大增，最终赶上并超过路易斯，夺得了冠军。

第二天早上，路易斯的尸体在河里被发现：他投水自杀了。

这个尘世对于我们而言是一个未知数。一个人付出了，舍弃了之后，究竟能获得多大的收益，没有人可以说得清楚。但假如你一点都不愿舍弃，那就一定一点都得不到，小舍小得，大舍大得。人生的智慧在于以舍小而求大得。懂得用一条腿求得整个生命的延续。

舍卒保车可以获得全盘皆赢的效果。所以，我们总该聪明一点，不要因为一块马蹄铁而输掉整场战争。

欲望太多才是真的贫穷

从前，有两位很虔诚、很要好的教徒，相约一起到遥远的圣山朝圣。两人背上行囊、风尘仆仆地上路，誓言不达圣山朝拜，绝不返家。

两位教徒走啊走，走了半个月后，遇见一位白发年长的圣者。圣者看到这两位如此虔诚的教徒千里迢迢前往圣山朝圣，就十分感动地告诉他们："从这里距离圣山还有10天的路程，但是很遗憾，我在这里就要和你们分手了；而在分手前，我要送给你们一个礼物!什么礼物呢?就是你们当中一个人先许愿，他的愿望一定会马上实现；而第二个人，就可以得到那愿望的两倍!"

听后，其中一教徒心里想："这太棒了，我心中早有一个愿望，但我不要先讲，因为如果我先许愿，我就吃亏了，他就可以有双倍的礼物!不行!"而另外一教徒也自忖："我怎么能先讲，让我的朋友获得加倍的礼物呢?"于是，两位教徒就开始推让起来，"你先讲嘛!""你比较年长，你先许愿吧!""不，应该你先许愿!"两位教徒彼此推来推去，不一会儿，两人就开始不耐烦起来，气氛也变了："你干嘛!你先讲啊!""为什么我先讲?我才不要呢!"

两人推到最后，其中一人生气了，大声说道："喂，你真是个不识相、不知好歹的人哪，你再不许愿的话，我就把你的狗腿打断，把你掐死!"

另外一人一听，没有想到他的朋友居然变脸，竟然来恐吓自己!于是想，你这么无情无义，我也不必对你太有情有义!我无法得到的东西，你也休想得到!于是，这一教徒干脆把心一横，狠心地说道：“好，我先许愿!我希望——我的一只眼睛——瞎掉!”

很快，这位教徒的一只眼睛马上瞎掉了，而与他同行的好朋友，则立刻瞎掉两只眼睛，变成了盲人!

原本，这是一件十分美好的礼物，可以使两位好朋友互相共享，但是人的“贪念”与“嫉妒”，左右了心中的情绪，所以使得“祝福”变成“诅咒”，使“好友”变成“仇敌”，更是让原本可以“双赢”的事，变成害两人瞎眼的“双输”!

在巴拉圭有一对即将结婚的未婚夫妻，很高兴地大喊大叫、相互拥抱，因为他们中了一张“高额彩券”，奖金是75000美金。

可是，这对马上要结婚的新人，在中奖后不久就为了“谁该拥有这笔意外之财”而闹翻了，两人大吵一架，并不惜撕破脸、闹上法庭。为什么呢?因为这张彩券当时是握在未婚妻的手中，但是未婚夫则气愤地告诉法官：“那张彩券是我买的，后来她把彩券放入她的皮包内，但我也没说什么，因为她是我的未婚妻嘛!可是，她竟然这么无耻、不要脸，居然敢说彩券是她的，是她买的!”

这对未婚夫妻在公堂上大声吵闹，各说各话，丝毫不妥协、不让步，让法官伤透脑筋。最后，法官下令，在尚未确定“谁是谁非”之时，发行彩券的单位暂时不准发出这笔奖金!而两位原本马上要结婚的佳偶，因争夺奖券的归属而变成怨偶，双方也决定取消婚约。

有人说：“结婚，经常不是为了钱；离婚，却经常是为了钱!”

的确，人的私心、贪婪、嫉妒，常使人跌倒，重重地跌在自己“恶念”的祸害里。

事实上，我们所拥有的，并不是太少，而是欲望太多；欲望太多的结果，就是使自己不满足、不知足，甚至憎恨别人所拥有的，或嫉妒别人比我们更多，以致心里产生忧愁、愤怒和不平衡。口袋里缺钱的人不是真的贫穷，心里缺钱的人才是真的贫穷。

舍去无益之物

应该说："无益则无用"。应该舍弃，可是现实中我们往往做不到这一点，就像吸烟者知道吸烟有害健康却不愿意戒烟。时间久了则形成依赖性，想戒都戒不掉。所以，只能让有害物质去侵害身体的健康。事实上，我们若想选择一路顺利地走下去，必须舍去无益之物，汲取养料，让自己成为一个有益之人。这是我们这些入世之人最该做到的。

慧远禅师年轻时喜欢四处云游。

20岁那年在行脚途中，他遇到了一位嗜烟的路人，两个人结伴走了很长的一段山路，然后都坐在树边休息。那位路人给了慧远禅师一袋烟，慧远禅师高兴地接受了路人的馈赠，然后他们就开始了闲聊，由于谈得很投机，那人便送给他一根烟管和一些烟草。

慧远禅师与路人分开之后，心想："这个东西令人十分舒服，肯定会打扰我禅定，时间长了一定会养成恶习，所以还是趁早戒掉的好。"于是就把路人送给他的烟管和烟草全部都扔掉了。

又过了几年，他又迷上了《易经》。那时正值冬季，天寒地冻，他写信给他的师父，想索要一些寒衣。但是信送出去了好长时间，冬天已经过去，山上的雪都已开始融化，师父的衣服还没有收到，甚至没有任何音讯。慧远禅师于是便用《易经》为自己算了一卦，结果卜算出那封信根本没有送

到。

他心想：“《易经》占卜这么准确，但是如果我沉迷此道的话，怎么可能全心全意地参禅呢?”从此以后他便放弃了对《易经》的研究。

之后，他又迷上了书法和诗歌，每天专研，竟也小有所成，有几位书法家和诗人居然对他的书法、诗赞不绝口。但是他转念又想到：“我又偏离了自己的正道，再这样下去，我很有可能成为一名书法家或诗人，而不是一位禅师。”

从此，他不再舞文弄墨、习字赋诗，并且放弃了一切与禅无关的东西，一心参悟，终于成为了一位著名的禅宗大师。

致力于自己所努力的方向和目标，一路上不为外物所惑动、所引诱，惟有控制自己的欲望，方能成就自我的追求。“欲望”可以是推动人们向上的一股力量，也可以是主宰人们堕落的源头。

人生的浮浮沉沉，欲望乃是最大之滥觞；因而，自我控制的层次，亦可视为个人修持成就的指标。一个不能控制六根欲望的人，是不会有所成就的。有些人喜欢涉足不正当的场所，即使知道是非，但也舍不得舍却，最终只能得到因果的报应。

作为国家公务员应该以人民福祉为根本，而作为一名法官更应当维护社会的公正与合理，这是每一个国家工作人员都必须知道的。但是，辽宁省高级人民法院原院长田凤岐却知法犯法。

1997年5月至1998年11月，田凤岐在担任中共沈阳市委副书记期间，利用职务上的便利，为他人在申请银行贷款、成立房地产公司、职务晋升等方面谋取利益，单独或通过亲属收受他人贿赂的财物折合人民币254万余元。

1999年6月至2001年8月，他在担任辽宁省高级人民法院院长期间，利用职务上的便利，为他人在承揽法院办公大楼工程设计、工程装修等方面谋取利益，单独或通过亲属收受他人贿赂的财物折合人民币76万余元。这样，田凤岐收受他人贿赂的财物共计折合人民币330万余元。

田凤岐身为国家工作人员，利用职务上的便利，接受他人请托，为他人谋取利益，非法收受他人巨额财物，其行为构成了严重的受贿罪，被依法判处无期徒刑。

人，就是欲望太多，才会生生世世在六道中轮回。人，更因为不懂舍却，才会遭到轮回的恶报。生活中类似于田凤岐的人还很多，我们应当有所为有所不为，正如佛经里常说的“知非便舍”。

所以，想成就自我，而不是迷失自我的话，一定要观照自我、控制自我、清洗自我、把持自我，不为外物所玷染，活出一种自在、一种清净、一种完满!

知非便舍，远离一切干扰，才能拥有安详、和谐的心灵。

贪婪使人成为金钱的奴隶

从前有一个叫难陀的国王非常贪心，他拼命聚敛财宝，希望把财宝带到他的后世去。他想：“我要把一国的珍宝都收集来，不能有一点剩余。”因为贪婪财宝，他把自己的女儿放在淫女楼上，吩咐她身边的人说：“如果有人带着财宝来求我的女儿，把这个人连他带的财宝一起送到我这儿来!”他用这样的办法聚敛财宝，全国没有一个地方会留有宝物，所有的财宝都进了国王的仓库。

有一个寡妇只有一个儿子，心中很是疼爱。她儿子看见国王的女儿姿态优美，容貌俏丽，很是动心。可他家里穷，没法结交国王的女儿。不久，他生起病来，身体瘦弱，气息奄奄。他母亲问他：“你害了什么病，病成这样?”

儿子把心事告诉了母亲，说：“如果不能和国王的女儿交往，必死无疑。”

母亲对儿子说：“但国内所有的一切金钱宝物都叫国王弄了去，到哪里去弄到钱呢?”母亲又想了一阵，说：“你父亲死的时候，口里含有一枚金币，你如果把坟墓挖开，可以得到那枚钱，你用那钱去结交国王的女儿吧。”

儿子挖开父亲的坟，从口里取出那枚金币。之后，他来到国王的女儿那里。国王的女儿便把他连同那枚金钱送去见国王。国王见了，说：“国内所有的金钱宝物，除了我的仓库，都没有了。你在哪里弄到这枚金币的?你一定是发现地下的宝藏了吧？”

国王用了种种刑具，拷打这个寡妇的儿子，要问明白他得钱的地方。寡妇的儿子说：“我真的不是发现了地下的宝藏。我母亲告诉我，先父死时，放过一枚金币在他的口中，我就去挖开坟墓，拿到了这枚钱。”

于是国王派人检验真假。使者去了，果然发现有这件事。国王听到使者的报告，心想：“我先前聚集这么多宝物，想把它们带到后世。可是那个死人却连一枚钱也带不走，我要这些珍宝又有什么用?”

从此，国王不再敛财，一心教化民众，他的国家也因此而兴盛。

世间事总是难以两全，为金钱投入太多精力时你往往就需付出自由的代价，终日劳碌奔忙，无暇享受该有的自由和快乐。寡妇的儿子因为金钱被国王拷打，失去了追求美好生活的自由，而寡妇的丈夫因为金钱连安睡于九泉的自由都要丢失，那么国王丢掉的是什么？生前享受天伦之乐的自由。公主丢掉的是什么？自己选择生活伴侣的自由。这就是金钱的卑劣之处。

有一个农民想买一块土地，他打听到有个地方的人想卖地，于是就到了当地，向当地人询问土地的价格。

当地人说：“只要交两个金币，给你一天的时间，从太阳升起的时候算起，直到太阳落下地平线，你能用步子圈多大的地，这些地就都归你了；但是在太阳落下地平线之前不能回到起点的话，这些土地你将一寸也得不到。”

农民心里想：“那我辛苦一点，多走一些路，就可以圈更大的土地了，这样的生意实在是太划得来了。”于是他就和当地人签订了合约。

天刚刚亮，他就迈着大步向前奔走；到了中午，他也顾不得吃饭，当回头时他已经看不见出发的地方了。但是他仍然不停地往前走，心里在想：“再忍耐一点，以后就可以多享受一点了。”

他又走了好远的路，眼看太阳就要落山了，他心里非常着急，因为太阳下山之前他不赶到起点，这些土地将不属于他了。于是他大步往回赶，可是太阳很快就要落到地平线以下了，终于，他耗尽了全身的力气，这时离起点只剩两步了，当他倒下的时候两只手刚好触到起点的那条线。那片土地归他了，可是又有什么用呢？他已经失去了生命。

贪婪是人的本性。因为贪婪，无论穷人还是富人，都沦为金钱的奴隶。一生的幸福在没有来得及享受时就快速消逝。没有了生命何谈金钱和自由？所以，人不应该太贪婪，在有生之年让自己充分享受到活着的自由和快乐才是最重要的。

满足欲望的快乐永远是虚妄的

有一位一国首富，论财富，无人能及，然而，他这个在别人眼里最幸福的人却总觉得生活毫无快乐可言。于是，他将所有的贵重物品各样东西都装入一个大袋子里，去寻找快乐。

他从一个国家游历到另一个国家，但是没有人能够给他——即使只是一瞬的快乐。

他到了一个村子，一个村民告诉他："有个禅师就坐在村中心的一棵树下。你去他那里，如果他没有办法让你得到快乐，那么你就算了吧!即使去到天涯海角，也没有人能让你得到快乐。"

富人非常激动，他迫不及待地跑到禅师那里，请求禅师让他得到快乐。并且说："我赚来的钱都在这个袋子里。如果你能让我得到快乐，我就把这些东西给你。"

禅师没有回答他，而是忽然从他手中抢了袋子就跑。富人又哭又叫地尾随着他。因为禅师对村子里的大街小巷很熟，所以没跑几圈，富人就被禅师甩掉了。

富人简直疯了。他哭喊着："我一生的财富都被劫走了，我变成一个穷人了!我变成一个乞丐了!"他哭得死去活来。

最后，那个人万般无奈地回到禅师刚才坐的那个地方。却发现袋子早已在原地了，富人见到了袋子，赶紧进行检查——什么也不缺!他松了一大口气，一屁股坐在那个袋子上，喜极而泣。

禅师从树后转过来看着他说："先生，你现在快乐吗?你是不是已经得到了?"

富人终于醒悟过来，然后高兴地说："多谢禅师指点。"

苦乐是相对的。具体到我们，只有在深刻体会到某种失落的痛苦之后，才会感觉到真实的快乐。

在寻求快乐的过程中，由苦乐对比产生的落差而感觉快乐，难道这不是快乐吗?当然这是一种快乐，但这种快乐本质上是一种假相的快乐!为什么呢?

假若这些快乐本质上是真正的快乐，那么就该像储蓄存折一样，数字总是存款而非罚款；然而寻求丰足的人生努力过程中，很多时候却像在提款缴罚单一样。因此，没钱缴罚单的时候固然是苦，纵然有钱缴罚单也不是快乐的，因为两者都是惩罚的缘故。

然而为什么有时我们会感觉到有钱缴罚单是一种快乐呢?而且似乎它就是一种感受上很真实的快乐呢?是的，两种痛苦相比之下，如果落差够大，就像由大苦反衬小苦，小苦反而成为快乐一样，就像罚十万块改成罚十块钱，这种反差呈现出来的快乐是很巨大的。

然而惩罚终究是惩罚，本质上不会变成奖赏。所以，如果习禅的方向一直滞留在所谓的"趋乐避苦"上，而看不透苦乐的相对性、本质虚幻的真相，这就意味着无法真正入禅。

只有我们了解满足欲望的快乐永远是虚妄的，我们才有希望进入清净涅槃的大乐，达到生命的真实超越。

何必盯着成功不放

成功是我们一生追求的目标，可是在人生的路上，衡量成功还是失败绝非只有结果这个唯一的标准，而且我们还应该考虑一下，我们盯着这个“成功”付出了怎样的代价，是得大于失，还是失大于得。

一位天文学家每天晚上外出观察星象。

一天晚上，他在市郊慢慢前行时，不小心掉进一口枯井里。他大声呼救。

正巧一个过路的和尚听见了，急忙赶过来救他。和尚看见天文学家的狼狈样，不禁感叹道：“施主，你只顾探索天上的奥秘，怎么连眼前的普通事物也视而不见了?”

那天文学家却说：“对于我而言，探索到天上的奥秘是我的梦想，也标志着我人生的成功。”和尚只有无奈地摇头。

对成功的定义，应该说是仁者见仁，智者见智。有的人认为腰缠万贯才是成功，可是财富却往往与幸福无关。纽约康奈尔大学的经济学教授罗伯特·弗兰克说：虽然财富可以带给人幸福感，但并不代表财富越多人越快

乐。一旦人的基本生存需要得到满足后，每一元钱的增加对快乐本身都不再具有任何特别意义。换句话说，到了这个阶段，金钱就无法换算成幸福和快乐了。

如果一个人在拼命追求金钱的过程中，忽略了亲情，失去了友谊，也放弃了对生命其他美好方面的享受，到最后即便成了亿万富翁，不也难以摆脱孤独和迷惘的纠缠吗?所以并非是金钱决定了我们的愿望和需求，而是我们的愿望和需求决定了金钱和地位对我们的意义。你比陶渊明富足一千倍又怎么样，你能得到他那份“采菊东篱下，悠然见南山”的怡然吗?

在美国新泽西州，有一位叫莫莉的著名兽医劝告人们向动物学习。她拿鸟做例子说：“鸟懂得享受生命。即使最忙碌的鸟儿也会经常停在树枝上唱歌。当然，这可能是雄鸟在求偶或雌鸟在应和，不过，我相信它们大部分时间是为了生命的存在和活着的喜悦而欢唱。”

可是作为万物之灵长的人类，在对待生命的态度上却未必能有这种豁达，有的人穷其一生，都无法达到这样的境界。有的人认为，得到了金钱就得到了幸福，这是多么可笑的想法!可见，他们并不知道金钱和幸福是没有必然联系的。有了金钱，并不一定就会有幸福，反而因为金钱而引发不幸的事例倒是比比皆是。

还有的人认为只有拥有了盛名，才意味着成功。殊不知，功名利禄不过是过眼烟云，生命的辉煌恰恰隐藏在平凡生活的点滴之中。也有的人认为权倾一时就是成功，更有的人认为出类拔萃才是成功，平庸就意味着失败，可是生活的真实却往往是有些人看起来不怎么样，活得确实挺来劲儿。哥伦比亚大学的政治学教授亚力克斯·迈克罗斯发现，那些脚踏实地、实事求是的人往往比那些好高骛远的人快乐得多。

其实谁也不至于活得一无是处，谁也不能活得了无遗憾。一个人不必太在乎自己的平凡，平凡可以使生命更加真实；一个人不必太在乎未来会如何，只要我们努力，未来一定不会让我们失望；一个人不必太在乎别人如何看自己，只要自己堂堂正正，别人一定会对我们尊重；一个人不必太在乎得失，人生本来就是在得失间徘徊往复的。

一个人要想生活得快乐，就要学会根据自己的实际情况来调整奋斗目标，适当压制心底的欲望。不要因为自己才质平庸而闷闷不乐。生活中，智慧与快乐并无联系，反倒是“聪明反被聪明误”、“傻人有傻福”的例子俯拾皆是。

很多人年轻的时候无忧无虑地生活，虽然没有钱，没有名，没有地位，但是他们真的很快乐，什么都不用想，只做自己喜欢做的事情。可是当他们开始追求人人向往的传说能带给他们幸福快乐的各种东西之后，却渐渐地发现自己不得不放弃那些他们喜欢做的事情了。而他们得到的却并没有给他们带来多少快乐，带来的反而是负担，压得他们无法追求别的东西，压得他们无法轻松地面对自己真正的梦想。这时他们往往会痛苦不堪地一遍一遍地问自己：“为什么得到的都是我不想要的，而我想要的却总是得不到?”

其实，从某种意义上讲，人生中，一个男人最大的成就是有一个好妻子，一个女人最大的成功是有一个好孩子，一个孩子最大的成功是能心理和生理都健康地成长。这才是最踏实最快乐的成功诠释。

人生是公平的，你要活得随意些，或许就只能活得平凡些；你要活得辉煌些，或许就只能活得痛苦些；你要活得长久些，或许就只能活得简单些。

淡化利欲之心，方能得到一切

中国有一句俗话叫“知足常乐”。佛教的理想是“不计众苦，少欲知足”。孟子有一句话：“养心莫善于寡欲”。是说希望心能够正，欲望越少越好。他还说：“其为人也寡欲，虽不存焉者寡矣；其为人也多欲，虽有存焉者寡矣。”欲少则仁心存，欲多则仁心亡，说明了欲与仁之间的关系。

自古仕途多变动，所以古人以为身在官场的纷华中，要有时刻淡化利欲之心的心理。利欲之心人固有之，甚至生亦我所欲，所欲有甚于生者，这当然是正常的，问题是要能进行自控，不把一切看得太重，到了接近极限的时候，要能把握得准，跳得出这个圈子，不为利欲之争而舍弃了一切。

怎么才能使自己的欲望趋淡呢？“仕途虽纷华，要常思泉下的况景，则利欲之心自淡。”常以世事世物自喻自说则可贯通得失。比如，看到深山中参天的古木不遭斧斫，葱茏蓬勃，究其原因是它们不为世人所知所赏，自是悠闲岁月，福泽年长，“方信人是福人”；看到天际的彩云绚丽万状，可是一旦阳光淡去，满天的绯红嫣紫，瞬时成了几抹淡云，古人就会得出结论道：“常疑好事皆虚事”。中国的古代，自汉魏以降，高官名宦，无不以通佛味解佛心为风雅，可以在失势时自我平衡，自我解脱。

人生在世，除了生存的欲望以外，还有各种各样的欲望，自我实现就是其中之一。欲望在一定程度上是促进社会发展的动力，可是，欲望是无止境的，欲望太强烈，就会造成痛苦和不幸，这种例子不胜枚举。因此，人应该尽力克制自己过高的欲望，培养清心寡欲，知足常乐的生活态度。

《菜根谭》中主张：“爵位不宜太盛，太盛则危；能事不宜尽华，尽华则衰；行谊不宜过高，过高则谤兴而毁来。”意即官爵不必达到登峰造极的地步，否则就容易陷入危险的境地；自己得意之事也不可过度，否则就会转为衰颓；言行不要过于高洁，否则就会招来诽谤或攻击。

同理，在追求快乐的时候，也不要忘记“乐极生悲”这句话，适可而止，才能掌握真正的快乐。大凡美味佳肴吃多了就如同吃药一样，只要吃一半就够了；令人愉快的事追求太过则会成为败身丧德的媒介，能够控制一半才是恰到好处。

所谓“花看半开，酒饮微醉，此中大有佳趣。若至烂漫酕醄，便成恶境矣。履盈满者，宜思之。”意即赏花的最佳时刻是含苞待放之时，喝酒则是在半醉时的感觉最佳。凡事只达七八分处才有佳趣产生。正如酒止微醺，花看半开，则瞻前大有希望，顾后也没断绝生机。如此自能悠久长存于天地畛域之中。

又如：“宾朋云集，剧饮淋漓乐矣，俄而漏尽烛残，香销茗冷，不觉反而呕咽，令人索然无味。天下事率类此，奈何不早回头也。”痛饮狂欢固然快乐，但是等到曲终人散，夜深烛残的时候，面对杯盘狼藉必然会兴尽悲来，感到人生索然无味。天下事莫不如此，为什么不及早醒悟呢？

常常看到有些人为了谋到一官半职，请客送礼，煞费苦心地找关系、托门路、机关用尽，而结果还往往与愿相违；还有些人因未能得到重用，就牢骚满腹，借酒浇愁，甚至做些对自己不负责任的事情。凡此种种，真是太不值得了！他们这样做都是因为太看重名利，甚至把自己的身家性命都压在了上面。其实生命的乐趣很多，何必那么关注功名利禄这些身外之物呢？少点欲望，多点情趣，人生会更有意义。更何况该是你的跑不掉，不该是你的争也白搭。

古人云：求名之心过盛必作伪，利欲之心过剩则偏执。面对名利之风

渐盛的社会，面对物质压迫精神的现状，要能够做到视名利如粪土，视物质为赘物，在简单、朴素中体验心灵的丰盈、充实，并将自己始终置身于一种平和、自由的境界。

七、持因果心，参功德禅

俗语有云："种瓜得瓜，种豆得豆。"播种什么样的种子，就会结出什么样的果实。

禅中看待因果报应也是如是——"种如是因，得如是果。"凡事的结局都是由先前的原因造就的：信仰有信仰的因果；道德有道德的因果；健康有健康的因果——想要身强体健，必须注重饮食、运动，培养良好的生活习惯；被人欺骗，应该先检讨自己是否贪小便宜，伤害别人；遭到扒窃，应该先反省自己是否太过招遥，将钱财外露……

勇于接受无常的人生

在佛陀时代，有一位妇人，她只生了一个儿子，因此，她对这唯一的孩子百般呵护，特别关爱。可是，天有不测风云，人有旦夕祸福，妇人的独生子忽然染上恶疾，虽然妇人尽其所能邀请各方名医来给她的儿子看病，但是，医师们诊视以后都相继摇头叹息，束手无策。不久，妇人的独生子就离开了人世。

这突然而至的打击，就像晴天霹雳，让妇人伤透了心。她天天守在儿子的坟前，夜以继日地哀伤哭泣。她形若槁木，面如死灰，悲伤地喃喃自语："在这个世间，儿子是我唯一的亲人，现在他竟然舍下了我先走了，留下我孤苦伶仃地活着，有什么意思啊?今后我要依靠谁啊?……唉!我活着还有什么意义呢?"

妇人决定不再离开坟前一步，她要和自己心爱的儿子死在一起!四天、五天过去了，妇人一粒米也没有吃，她哀伤地守在坟前哭泣，爱子就此永别的事实如锥刺心，实在是让妇人痛不欲生!

这时，远方的佛陀在定中观察到这个情形，就带领了500位清净比丘前往墓冢。佛陀与比丘们是这么样的安详、庄严，当这一行清净的队伍宁静地从远处走过来时，妇人远远地就感受到佛陀的慈光摄受，她认出了佛陀。她忽然想到世尊的大威德力，正可以解除她的烦忧。于是她迎上前去，向佛陀五体投地行接足礼。佛陀慈祥地望着她，缓缓地问道："你为什么一个人孤单地在这墓冢之间呢?"妇人忍住悲痛回答："伟大的世尊啊!我唯一的儿子带着我一生的希望走了，他走了，我活下去的勇气也随着他走了!”佛陀听了妇人哀痛的叙述，便问道：“你想让你的儿子死而复生吗?”“世尊，那是我的希望!”妇人仿佛是水中的溺者抓到浮木一般。

“只要你点着上好的香来到这里，我便能咒愿，使你的儿子复活。”佛陀接着嘱咐：“但是，记住，这上好的香要用家中从来没有死过人的人家的火来点燃。”

妇人听了，二话不说，赶紧准备上好的香，拿着香立刻去寻找从来没有死过人的人家的火。她见人就问：“您家中是否从来没有人过世呢?”“家父前不久刚往生。”“妹妹一个月前走了。”“家中祖先乃至于与我同辈的兄弟姊妹都一个接着一个过世了。”……妇人始终不死心，然而，问遍了村里的人家，没有一家是没死过人的，她找不到这种火来点香，失望地走回坟前，向佛陀说：“大德世尊，我走遍了整个村落，每一家都有家人去世，没有家里不死人的啊……”

佛陀见因缘成熟，就对妇人说：“这个娑婆世界的万事万物，都是遵循着生灭、无常的道理在运行；春天，百花盛开，树木抽芽，到了秋天，树叶飘落，乃至草木枯萎，这就是无常相。人也是一样的，有生必有死，谁也不能避免生、老、病、死、苦，并不是只有你心爱的儿子才经历这变化无常的过程啊!所以，你又何必执迷不悟，一心寻死呢?能活着，就要珍惜可贵的生命，运用这个人身来修行，体悟无常的真理，从苦中解脱。”老妇人听了佛陀为她宣说无常的真谛立刻扭转了自己错误的观念知见，此时围绕在冢间观看的数千人群，在听闻佛法真理的当下，也一起发起了无上菩提心。

生命每时每刻都在不停地消逝，然而能洞察到这一点的人却不多，洞察到能够超越的人更是微乎其微。通常，人们总是沉浸在种种短暂幻化泡沫式的欢乐中，不愿意正视这些。然而，无常本就是生命存在的痛苦事实，故生命从来就没有停止流逝。

然而生命的流逝乃至消失，又是必须面对的事实。逃避是不可能的，也无法逃避。无常的真理在事物中无时无刻不在现身说法，依恋的亲人突然

间死去，熟悉的环境时有变迁，周围的人物也时有更换。享受只是暂时，拥有无法永恒。

秦皇汉武、唐宗宋祖，转眼间，而今都已不在。人世间的荣耀与悲哀，到最后统统埋在土里，化作寒灰。他们活着的时候，南征北战，叱咤风云，风流占尽，转眼间失意悲伤，仰天长啸，感叹人世，瞑目长逝了，也都化成一捧寒灰，连缅怀的袅袅香烟皆无。如果生前尚能冷静地反省，一定会明晓生活在世界上是大可不必吵闹不休的。“闲云潭影空悠悠，物换星移几度秋?阁中帝子今何在?槛外长江空自流。”

春该常在，花应常开，而春来了又去了，了无踪迹；花开了又落了，花瓣也被夜里的风雨击得粉碎，混同泥尘，流得不知去处。

的确，人们每提起“人生无常”这个观念，大多认为意义是负面的，但我们是否曾从相反的角度来考虑问题——若不是有无常的存在，花儿永远不会开放，始终保持含苞的姿态，那大自然不是太无趣了吗?大自然中，当花草树木的种子悄悄地掉落大地，无常就开始包围着它们，让阳光、土和水来滋养和改变它们，不消多久，植物的种子开始生根、发芽、长叶、开花和结果，让人们惊异于生命的可贵，这是无常带来的改变，这种改变是一种喜悦。

人们害怕无常，不喜欢无常带来的负面改变。但是，任何现象都是一体两面的，有白天就有黑夜，有好就有坏，有对就有错，有生就有死，有天堂也有地狱，因此不必害怕无常，反而要勇敢地接受无常，迎接它令人欢喜的一面，也接受它使人痛苦的另一面。

淡然而从容地面对生死

有两个人从乡下来到城市，几经磨难，终于赚了很多钱。后来年纪大了，就决定回乡下安享晚年。在他们回乡的路上，佛祖装扮成一位白衣老者，手拿一面铜锣，在那里等他们。

他们说："您在这做什么?"

佛祖说："我是专门帮人敲最后一声铜锣的人。你们两个都只剩下七天的生命，到第七天黄昏的时候，我会拿着铜锣到你们家的门外敲，你们一听到锣声，生命就结束了。"

讲完后，佛祖便消失不见了。

这两人一听就愣住了：在城市里辛苦了那么多年，赚了这么多钱，要回来享福了，没想到却只剩下七天好活的日子了。

两人各自回家后，第一个人从此不吃不喝，每天在想："怎么办?只剩七天可活!"他就这样垂头丧气，面如死灰，什么事也不做，只记得那个老人要来敲铜锣。

他一直等，等到第七天的黄昏，整个人已如泄了气的皮球。

终于，那个老人来了，拿着铜锣站在他的门外，"噹"地敲了一声。一听到锣声，他就立刻倒下去，死了。

为什么呢?因为他一直在等这一声，等到了，也就死了。

第二个人心想："太可惜了，赚了那么多钱，只剩下七天可活。我自

小就离家，从没为家乡做过什么，我应该把这些钱拿出来，分给家乡所有经受苦难和需要帮助的人。”

于是，他把所有的钱都分给了穷苦的人，又铺路又造桥，光是处理这些就让他忙得不得了，哪还记得七天以后的铜锣声。

到了第七天，他才把所有的财产都散光了。村民们都很感谢他，于是就请了铜鼓戏到他家门口来庆祝，场面非常热闹，舞龙舞狮，又放鞭炮，又放烟火。

到了第七天黄昏，佛祖依约出现，在他家门外敲铜锣。他敲了好几声铜锣，可是大伙全都没听到，佛祖知道再怎么敲也没用，只好走了。

这个有钱人过了好多天才想起老人要来敲锣的事，心里还纳闷：“怎么他失约了?”

死亡对于消极的人来说是一种折磨，对于积极的人则是一种重生的机会。生命本就遵循着它自身的规律，有生就有死，当你有幸来到这个世界时，就该在心里感谢上天的这一恩赐，活着的时候尽自己的所能为这个世界尽自己的一点微薄之力，而当死亡来临时，也当从容淡定，无怨无悔地接受你该接受的事实。生时不能珍惜该珍惜的，死时又眷恋红尘，不愿离去，这便是一个不够合格的人。

在《佛经》里有六种对死亡的认识：

死如出狱——苦难聚集的身体如同牢狱，死亡好像是从牢狱中释放出来，不再受种种束缚，得到了自由。

死如再生——“譬如从麻出油，从酪出酥”，死亡是另一种开始，不是结束。

死如毕业——生的时候如同在学校念书，死亡就是毕业了。

死如搬家——有生无不死，死只不过是从身体这个破旧腐朽的屋子搬出来，回到心灵高深广远的家。如同《出曜经》上说“鹿归于野，鸟归虚空，真人归灭”。

死如换衣——死亡就像脱掉穿破了的衣服，再换上另外一件新衣裳一样。《楞严经》云："十方虚空世界，都在如来心中，犹如片云点太清。"一世红尘，种种阅历，都是浮云过眼，说来也只不过是一件衣服而已。

死如新陈代谢——我们人身体上的组织每天都需要新陈代谢，旧的细胞死去，新的细胞才能长出来；生死也像细胞的新陈代谢一样，旧去新来，绵延不绝，使生命更可珍贵。

中国禅宗祖师们最精彩的部分，不是他们谈出世间达于极致的真理性叙述，而是这个群体五花八门、无比精彩的死亡表演。

有站着死的，坐着死的，走着死的，倒立着死的，覆船死的，真的是"将头临白刃，犹如斩春风"一般洒脱自在。

这和浪漫主义者对死亡的憧憬以及一般人对死亡的服从是多么的不同。这也正是一个禅者的生活态度，面对生死，可以超脱生死，面对尘世，亦可超脱尘世，任何外物都无法羁绊他们的心灵，束缚他们的从容。

我们总是对死亡过度恐慌。

既然死亡是我们谁也不可能避免的事，既正常又绝对，那么我们自欺欺人又有什么用?难道这样就能阻止死亡的到来吗?

如果抗拒与不安不能避免死亡，那么何妨怀着希望与安心迎接死亡?

对我们而言，肉体的死亡是不可避免的。若将之认定为生命终点站，之后一切将归于零，那我们就会因为绝望而放弃很多美好!

一个人死了，所有的一切都没有任何意义了，在佛家，认为这是不正确的"断见"。活着的时候我们尽自己的能力追求事业，不辞辛劳，追求心灵的超越，付出努力；一旦我们面临死亡，就能坦然离开。

只有对死亡有了正确的认识，人的思想才可以升华到更光明的境界。

明白度人生，回首亦坦然

人活百年都无法参透两个字——“生”与“死”，但是不管人们能否参透这两个字，最终的结果都是一样的。然而，在同等境况下忙忙碌碌的一生里，有的人活了个明白，为了自己的理想而奋斗、而忙；有的人却一辈子稀里糊涂、不知自己在忙什么、为什么而忙！因此，上面两种人有着不同的命运与结果。

在《坛经》中，六祖惠能认为悟禅与人生是一样的，如果在悟禅时“只在嘴上念叨空”，而不去探究其中的“究竟”，那么，这段看似在用功努力时间实则是荒废掉了，惠能认为如果这样的话，“就是花费一万劫的时间，也不能正确认识自我的本性，到头来还是毫无益处。”

六朝时期的宝口禅师对于六祖惠能这段话深有体会，因此语出——

口内诵经千卷，体上问经不识。
不解佛法圆通，徒劳寻行数墨。

不管是六祖惠能也好，宝口禅师也罢，他们都想揭示一个禅理，那就是人活百年一定要有一个明确的目的，不能混混沌沌混一世。

的确，人生是短暂的。倘若我们不能正视人生，人生就会如流水般——只有流走的，却没有留下的。因此我们一定要明白我们这短暂的一生是怎样度过的，怎样过才是有意义的呢？

一天，佛陀等弟子们化缘归来后，问他们道：“弟子们，你们每天忙忙碌碌托钵化缘，究竟是为了什么呢？”

弟子们双手合十，恭声答道：“佛陀，我们是为了滋养身体，以便长养色身，来求得生命的清净解脱啊。”

佛陀用清澈的目光环视着弟子们，又沉静地问道：“那么，你们且说说肉体的生命究竟有多长久？”

“佛陀，芸芸众生的生命平均起来不过几十年的光阴。”一个弟子充满自信地回答。

佛陀摇了摇头：“你并不了解生命的真相。”

另一个弟子见状，充满肃穆地说道：“人类的生命就像花草，春天萌芽发枝，灿烂似锦；冬天枯萎凋零，化为尘土。”

佛陀露出了赞许的微笑：“嗯，你能够体察到生命的短暂迅速，但对佛法的了解仅限于表面。”

又有一个无限悲怆的声音说道：“佛陀，我觉得生命就像浮游虫一样，早晨才出生，晚上就死亡了，充其量只不过一昼夜的时间！”

“嗯！你对生命朝生暮死的现象能够观察入微，对佛法已有了深入肌肤的认识，但还不够究竟。”

在佛陀的不断否定、启发下，弟子们的灵性越来越被激发起来。又一个弟子说：“佛陀，其实我们的生命跟朝露没有两样，看起来不乏美丽，可只要阳光一照射，一眨眼的工夫它就干涸消逝了。”

佛陀含笑不语。弟子们更加热烈地讨论起生命的长度来。这时，只见一个弟子站起身，语惊四座地说：“佛陀，依弟子看来，人命只在一呼一吸之间。”

语音一出，四座愕然，大家都凝神地看着佛陀，期待佛陀的开示。

“嗯，说得好！人生的长度，就是一呼一吸。只有这样认识生命，才是真正体证了生命的精髓。弟子们，你们切不要懈怠放逸，以为生命很长，像露水有一瞬，像浮游有一昼夜，像花草有一季，像凡人有几十年。生命

只是一呼一吸！应该把握生命的每一分钟，每一时刻，勤奋不已，勇猛精进！”

人们往往在生与死的抉择中，才能体会到生命的意义，才会明白活着的价值，不要将自己的生命浪费在那些没有丝毫意义的事情上，要抓住每分每秒可以利用的时间充实自己。

有许多人的生命虽然短暂，然而他们活得却很精彩；有的人虽然能够活到百岁，然而他们却稀里糊涂、空活百年；有的人总是因为害怕死亡而嫌时间过得太快，事实上他们每天都在浪费着时间；有的人却忙碌得来不及考虑这些无谓的问题，他们的时间每一分每一秒都被充分利用上了，根本“来不及老”。而这种“来不及老”的人，虽然无法达到参透生死的境界，然而他们离这种境界却并不遥远。

佛光禅师门下的大弟子大智，出外参学30年后归来，正在法堂里向佛光禅师述说此次在外参学的种种经历，佛光禅师总以慰勉的笑容倾听着，最后大智问道：“师傅，这三十年来，您老一个人还好？”

佛光禅师道：“我很好，每天在法海里泛游，讲学、说法、著作、写经，世上没有比这种更欣悦的生活了。我每天忙得很快乐。”

大智关心地说道：“师傅，您应该多一些时间休息。”

夜深了，佛光禅师对大智说道：“你休息吧，有话我们以后慢慢谈。”

清晨在睡梦中，大智隐隐中就听到佛光禅师的禅房传出阵阵诵经的木鱼声。白天，佛光禅师总不厌其烦地对一批批来礼佛的信众开示，讲说佛法，一回禅堂不是拟定信徒的教材，便是批阅学僧的心得报告，每天总有忙不完的事。

好不容易看到佛光禅师刚与信徒谈话告一段落，大智忙过来抢着问佛光禅师道：“师傅，分别这三十年来，您每天的生活仍然这么忙碌，怎么都不觉得您老了呢？”

佛光禅师道：“我没有时间觉得老呀！”

“没有时间老”，这句话后来一直在大智的耳边回响着。

事实上，佛光禅师并非没有老，毕竟30年的时间对于谁来说都不算短，为什么他却并没有觉得自己老呢？

这主要还是在于他对待人生的态度。正是他将自己每天的工作安排得很充实，让原本一天中的无数个断点紧密地联系在了一起，他才“来不及老”的。

许多人都有这样的感受：当我们还是孩童时曾经有过许多的梦想，但当我们还未想如何去实现这些梦想时，死亡已经悄然而至。我们只能感叹、只能埋怨我们没有看清什么是人生。于是我们祈求上天能让我们回到从前，但那只能是一厢情愿的奢望而已。所以无论我们现在是背着书包上学堂的娃娃，还是上有老下有小的中年，抑或是白发斑斑的老人，都要珍惜我们剩余的人生，奔着我们拟定的人生目标实实在在地做点努力，便不会留下那么多的遗憾与悔恨了。

“人的一生应当这样度过：当他回首往事时不因虚度年华而悔恨，也不因碌碌无为而羞耻。”的确，我们只有将这句话领悟于心，在离开这个世界的时候才能无怨无悔、坦然面对。

无种不结果

六祖惠能在解释何为“般若”时说道——“般若者，唐言智慧也。一切处所，一切时中，念念不愚，常行智慧，即是般若行。”他认为在脑里出现的每一个念头都是智慧的，因为只有思考了才能产生念头。更进一步说，有了念头就等于有了成功的种子。

三祖鉴智禅师曾做过一首《花种虽因地》的示法偈，在这首示法偈中隐含着种子与成功关系，这首偈是这样写的——

花种虽因地，从地种花生。
若无人下种，花地尽无生。

此偈的关键在于揭示鉴智禅师的观点，鉴智禅师认为：即便有了大地和种子，也并不一定就能春色满园，关键还要人来播种。这个“播种”的过程，就是前面六祖惠能提到的“产生念头”，而这也是许多人能够成功的秘密所在。

有一个年轻人不断地到教堂去祈祷，而且他的祷告词几乎每次都是相同的。

第一次他到教堂时，跪在圣坛前，虔诚地低语："上帝啊，请念在我多年敬奉您的份上，让我中一次彩票吧！阿门。"

几天后，他又垂头丧气地回到教堂，同样跪着祈祷，重复着他的祷告语。如此周而复始，不间断地祈求着。

到了最后一次，他跪着："我的上帝，为何你不垂听我的祈求，我是多么的虔诚呀！让我中彩票吧！哪怕只有一次，让我解决所有困难，我愿终身敬奉您……"

就在这时，圣坛上空发出一阵宏伟庄严的声音："我一直在倾听你的祷告。我很想帮助你这个虔诚的信徒，可是你要想中彩票，最起码也该买一张彩票吧！"

事实也是如此，有许多人都很想成功，但是他们却连一个成功的想法、一个念头都没有，那是无论如何都不会有作为的。在你的头脑里有过怎样的信念呢？你有没有在头脑中描绘过自己的成功理想呢？

相传在贞观年间，在长安城里的一家磨坊里，住这一匹马和一头驴。它们彼此是好朋友，马经常外出拉货，而驴却终年在磨房里推磨，因此马的见识要比驴广博得多。

在贞观三年，玄奘法师选定了这匹马陪同他一起去印度取经。作为朋友驴很为马担心，担心它会死在这上万里的路程中，而马却很珍惜这个机会，认为即便是死在路上那也没有虚度此生，马毅然地陪着玄奘法师踏上了取经的路。

十几年后，这匹马驮着佛经与玄奘法师回到了长安，风光无限的它重新来到了磨坊会见它的朋友驴。老马兴兴致勃勃地谈起这次旅途的经历：他与玄奘共同走过了浩瀚无边的沙漠、穿越了送入云端的山岭，穿越了终年积雪的冰川，爬过了传说中的火焰山……驴听了之后极为惊异。

驴惊叹道："你有多么丰富的见闻啊!那么遥远的道路，我连想都不敢想。"老马说："其实，我们这些年所走过的距离是相等的，只是我们奔着

一个更为远大的目标前进，你却将自己困在了这狭窄的磨盘前。所以我们取得了人们都羡慕且称道的成功，而你却始终蒙着眼睛裹足不前，所以永远也走不出这个狭窄的空间。”

杰出人士与平庸之辈最根本的差别，并不在于天赋，也不在于机遇，而在于有无人生目标，能否产生六祖惠能所说的“念头”。那么如何产生六祖惠能口中的“念头”呢？

从前有位很成功的思想家，他提出了许多富有哲理并被大家公认的理论。

有一个人很崇拜这位思想家，很想从思想家那儿得到一些关于他成功的秘密。于是有一天这个人便去拜访这位思想家，并向思想家询问成功秘诀。思想家毫不避讳地对他说：“我的成功秘诀很简单，除了吃饭、睡觉以外就是思考，所以才会有一些成就。”那个人留下了地址，很高兴地回家去了，并希望思想家有时间去拜访一下他。

过了很长一段时间，思想家偶然想起此事便按照地址去拜访此人，想看看他是否有所参悟。不料开门的是个女人，当思想家进入那个房间后几乎吓了一跳：只见那个人消瘦得已不成人样，可见是用脑过度所至。那个人见到思想家连忙问道：“我已经回家好几个月了，按照您交给我的秘诀，但是始终没有思考出任何东西能够让我成功，您说这是怎么回事儿呢？”思想家反问道：“那么你坐在房中都考虑些什么？”那个回答：“什么都思考，我发觉我的脑子都快要装不下了。”思想家对他说：“你这样思考只能思考出一些思想垃圾和幻想，当然不会成功了！”

很显然，六祖惠能希望我们产生的“念头”是般若智慧，并非让我们吃饱了饭，整天躺在床上山南海北地瞎琢磨。如果像上面故事中的那位，产生出一些垃圾念头，还不如踏踏实实地做点事情为妙。

但是对于大多数人来说，在内心拥有一颗成功的种子对于人生是很重要的，因为，任何一片广袤的森林都有可能是由两粒种子造就的。成功亦是如此，它可能仅仅是如同两粒种子一般的信念或想法成就的。给自己播种两粒成功的种子，它将有可能结出最美妙的成功果实。但可以肯定的是，不播种是无论如何也不会结果的。

有些人之所以成功是因为在他们心中不但有成功的渴望，而且在他们心里还有一颗成功的种子，正是有了这颗种子，他们才有了奋斗的方向、拼搏的动力，才引导着他们一步步地走向了成功。

梅花香自苦寒来

可以这样说，世界上没有不经过吃苦就达到成功的人，少得甚至可以忽略不计。要知道，吃苦是每个人人生的一种经历、一种磨难，它能让人变得更坚强、变得更成熟。

《坛经》中曾经记载，五祖弘忍禅师在首次接触惠能时便觉得他有慧根，但是弘忍禅师却没有让惠能拜在自己门下直接接收自己的教诲，而是不露声色地对惠能说："这獦獠根性大利。汝更勿多言，著草厂去。"让他去干杂役了。

难道是五祖弘忍禅师认为惠能无法得道才让它去吃苦的吗？当然不是，弘忍禅师的用意正符合了孟子"天将降大任于斯人也，必先苦其心志，劳其筋骨，饿其体肤，空乏其身，行拂乱其所为，所以动心忍性，曾益其所不能"的说法，让惠能多经受些磨炼才是真的。断际禅师所作的《示法偈》说的也是这个道理——

尘劳迥脱事非常，紧把绳头做一场。
不是一番寒彻骨，怎得梅花扑鼻香？

断际禅师以傲霜凌雪的“梅花”为喻，指出如果不是经历了那么一番寒彻心骨冷天气的考验和磨炼，“梅花”又怎么会有那扑鼻的芳香？这是喻指做事情只有下苦功才能有望成功。如果舍不得吃苦，怕磨炼那终将一事无成。

深山的高峰上有两块石头，第一块石头对第二块石头说：“我们去经历一下路途的艰险和世事的坎坷吧，没准搏一搏就能创出名堂来呢！”

“不，何苦呢，”第二块石头嗤之以鼻，“谁会放着现成的幸福不享，去经历那些困苦磨难呢？再者说，那艰险的路途与磨难很有可能让我们粉身碎骨的!”

但第一块儿石头还是决定去经历那些苦难，因为它不想白来世间走一遭。于是它便随山溪滚涌而下，历尽了风雨和大自然的磨难，但它义无反顾执著地奔波着。第二块石头看到后讥笑着它，自己却安然地蹲在高山上享受着安逸和幸福。

许多年以后，饱经风霜、历尽千锤百炼的第一块石头已经成了世间的珍品、石艺的奇葩，享尽了众人赞誉的目光与赞扬。当第二块石头知道后有些后悔当初，虽然现在它也想投入到世间风尘的洗礼中，获得第一块石头那样的成功和高贵，可是一想到要经历那么多的坎坷和磨难，甚至疮痩满目、还有粉身碎骨的危险，它又一次退缩了。

多年后的一天，人们为了更好地保存珍藏第一块石头，准备为它修建一座气势雄伟的博物馆，建造材料全部用石头。于是，人们来到了高山上，把第二块石头粉了身碎了骨，给第一块石头盖起了房子。

世人往往也是这样，一开始就只知享受的人与一开始就执著奔波、千锤百炼的人最后的结局往往都是后者获得了成功，前者得到了失败。

有些人可能质疑，难道苦就不能转化为甜吗？答案是可以的，但是前提条件是该吃的苦依然是苦的，只有吃过苦，才能苦尽甘来尝到甜！

有一群弟子要出去朝圣。师父拿出一个苦瓜，对弟子们说：“随身带着这个苦瓜，记得把它浸泡在每一条你们经过的圣河，并且把它带进你们所朝拜的圣殿，放在圣桌上供养，并朝拜它。”

弟子们走过许多圣河圣殿，并依照师父的教导去做。回来以后，他们把苦瓜交给师父，师父叫他们把苦瓜煮熟做晚餐。

晚餐的时候，师父吃了一口，然后语重心长地说：“奇怪呀，泡过这么多圣水，进过这么多圣殿，这苦瓜竟然没有变甜。”

弟子听了，好几位都立刻开悟了。

苦无论是精神上还是肉体上的，都是一种磨炼、一种积累经验和增强自身能力的修行。真正能吃苦和敢于吃苦的人，才能从苦中悟出甜、悟出幸福来。

这就好比寺院的高僧，他们“一日不作一日不食”，高僧们将它做为一种磨炼，一种很普通的磨炼，持续着。每日朝起夕憩，食素坐禅，他们并不看重这种磨炼最终会带来什么天大的好处，他们只是在月月年年的修行中平静自己的心灵，洗净自己的灵魂，在磨炼过程中提高境界，在修炼的过程中体会愉悦，这便是磨炼者的幸福。

不要将吃苦视做洪水猛兽，《三字经》上说“玉不琢，不成器”，人同样不经磨炼也不能成功。只要我们心中谨记“不经历风雨，怎么能见彩虹”便不会再为吃苦找各种借口了。

人生就要像高尔基所描述的海燕一样，去迎击更猛烈的暴风雨，从暴风雨中锻造自己，获得事业和人生上的成功。

成败只在一念间

六祖惠能认为“本来正教，无有顿渐，人性自有利钝。”他这里说的“人性自有利钝”不过是一种敢与不敢、做与不做的区别，并非真的聪明或者愚笨。

大多数的事情都介于这做与不做、敢与不敢的一念间，也正是这一念间就决定了事情的成与败。

高僧刚一开门，就见一个持刀男人恶狠狠地盯着自己。佛祖灵机一动，微笑着说：“朋友，你是卖刀的吧？这把刀我很喜欢，卖给我吧。”

边说边把男人让进禅院。

“你很面善，看到你很高兴，先喝杯茶吧。”

本来脸带杀气的歹徒渐渐腼腆起来。他有点结巴地说：“谢谢你，佛祖，你将改变我的一生。”

说完，转身离去。

高僧这一念之间的灵机，就轻易地化解了这个人的仇恨，从噩梦的边缘拉回了这个心存恶念的人，同时也挽救了自己的生命。

其实，成败与我们之间只不过隔着一扇门而已。想象中，那扇看似厚重而又坚固的门，是一扇需要很多把钥匙才能开启的宝库之门。事实恰恰相反，这扇门其实是虚掩的。当我们运用智慧找到那扇门时，千万不要犹豫，更不要怀疑。只有这样，我们的勇气与魄力才会应运而生，指引着，鼓励着我们走近它，从容地推开它。才能让我们踏入这扇门，达到渴望已久的成功。

曾经有一位世界上很著名的魔术师，他的看家本领便是从那些上满锁的房间里逃脱出去，其实说白了他就是一位开锁高手。

有一个小镇的人们为了考验他的本领，便特意打造了一个看起来很坚固的铁屋和一把异常牢固的弹簧锁，邀请魔术师来挑战这个项目。

魔术师有个习惯，就是在他表演时不希望别人看到。于是镇上的人和魔术师相约，如果在一个小时之内魔术师逃脱不掉的话，便算失败。

小镇上的人，按照约定都离开了现场。魔术师拿出了他专门开锁的工具开始了挑战。1分钟、10分钟过去了，魔术师还在忙碌着，他没有听到锁被打开时，弹簧清脆的响声。半个小时过去了，魔术师紧张的脸上渐渐地露出了汗，但还是没有听到那声清脆和代表成功的响声。时间一分一秒地过去了，眼看一个小时的时限马上就到了，由于精神高度地集中，魔术师已经被累得筋疲力尽了。当他准备放弃、一下靠在铁门上的时候，门却轻轻地开了，这时候魔术师才发现那把锁其实根本没有锁上，门是虚掩着的。

门虽然在规定的时间内被打开了，但是魔术师却真正地意识到：原来成功如同去推一扇虚掩的门一样简单，要看你是否拥有推开这扇虚掩门的勇气和魄力。

在懦夫的眼里，干什么事情都是危险的；而热爱生活、渴望成功的人，却总是蔑视困难。对待困难总是有十足的胆识，所以成功的往往是这些人。

没有胆就没有识，更没有成功。胆越大，识越广，先有胆，才有识。胆，就是勇气，就是魄力，敢想，敢说，敢做，敢当；识，就是见识，主见，思路。“怀抱常存见识在，管它东西南北风。”要成就一番事业，必须敢字当头，毫不犹豫，无所畏惧，一往无前，敢于拼搏，只有这样，才能调动自己的潜能，充分发挥自己的聪明才智，克难破险，成竹在胸。人要有一种天不怕，地不怕的精神，想事就要想别人不敢想的事，做事就要做别人不敢做的事，大浪滔天，稳坐钓鱼船，地动山摇处乱不惊，才能从容不迫地推开虚掩着的成功之门。

在面对着这扇虚掩的门时，我们的内心可能存在着这样或那样的恐惧，让人不敢去尝试着推开它。

一位成功学家授课时在黑板上画了一幅画。在一个圆圈中间又画了一个人。接着，他在圆圈的里面加上了一座房子、一辆汽车、一些朋友。

然后，他问前来听课的人们：“谁能告诉我，这图意味着什么？”一阵沉默后，一个人站起来回答：“世界。”成功学家说：“基本正确，这是你的舒服区。这个圆圈里面的东西对你至关重要：你的住房、你的家庭、你的朋友，还有你的工作。在这个圆圈里头，你们会觉得自在、安全，远离危险和争端。”

“现在，谁能告诉我，当你跨出这个圈子后，会发生什么？”教室里顿时鸦雀无声，还是那个人打破沉默：“会害怕。”另一个人认为：“会出错。”接着又是一阵沉默。这时成功学家转向黑板，画了一个箭头，将圆圈当中的人指向圈外，说道：“你离开舒服区以后，你就把自己抛到了一个你感到不自在的世界里面，那是一个全新世界，那里有风险，可以让你学到以前不知道的东西，增长见识，所以你进步了。”他再次转向黑板，在原来那个圈子之外画了更大的圆圈，还添上些新的东西，如更多的朋友、更大的房子等。“如果你总是在自己的舒服区里头打转，你就永远无法学到新的东西。只有当你跨出舒服区以后，你才能使自己人生的圆圈变大，你才能挑战自己的心灵，使自己变得更加坚强，最终把自己塑造成一个成功的人。”

中国有句老话：“撑死胆大的，饿死胆小的。”一个不敢冒险的人，再好的机会到来，也不敢去掌握与尝试。这固然没有失败的风险，但也没有成功的希望。鲁迅曾经说过：“世上本没有路，走的人多了，也就成了路。”毛泽东也曾经说过：“要想知道梨子的味道，尝过之后才知道。”可惜很多人不懂得这个道理，总把冒险精神看成失败的前兆，孰不知越危险的地方越安全；越有冒险精神越能成功的道理。

胆识有时会被我们认为是一种冒险，成功固然重要，失败便会不可收拾。其实未必，那些能够成功的人，恰好是那些拥有冒险精神、敢于去寻找成功的人。假如我们连这点儿勇气都没有，成功永远与你背道而驰，将会离你越来越远，请不要忘记这么一句话：“狭路相逢，勇者胜。”

平等待众生

关于平等待人，《坛经》是这样认为的——“若修功德之人，心即不轻，常行普敬。心常轻人，吾我不断，即自无功。自性虚妄不实，即自无德。为吾我自大，常轻一切故。”倘若一个人在待人方面，将别人分为三六九等加以区别地对待，是不会产生“功德”，受人尊重的。

宋代著名的白云守端禅师曾作过一首关于平等待众生的偈，我们不妨参悟一下——

若能转物即如来，春至山花处处开。
自有一双慈悲手，摸得人心一样平。

这首偈中“自有一双慈悲手，摸得人心一样平”是最经典的论述，它很直接地指出，人人都应该以一种平常心去看待和对待世间的众生。释迦牟尼就是这样做的，故而他才得到了众人的尊敬——

有一天，提婆达多生病。很多医生来治病，但不能把他医好。身为他的堂兄弟，释迦牟尼亲自来探望他。

释迦牟尼的一个弟子问他：“您为什么要帮助提婆达多？他屡次害你，甚至要将你杀死！”

释迦牟尼回答说：“对某些人友善，却把其他人当做敌人，这不合乎道理。众生平等，每个人都想幸福快乐，没有人喜欢生病和悲惨。因此我们必须对每一个人都慈悲。”

于是释迦牟尼靠进提婆达多的病床，说：“我如果真正爱始终要害我的堂兄弟提婆达多，像爱我的独生子罗侯罗的话，就让我堂兄弟的病立刻治好。”

提婆达多的病立刻消失，恢复健康。释迦牟尼转头对他的弟子们说：“记住，佛待众生是平等的。”

平等待人，是一种人生之美。德国有句谚语：“高贵的血和普通的血都是一样颜色的。”意思是说，人不应有贵贱之分。

不可否认的是，只要有经济的地方自然就有贫富差距，但是贫富差距只能说明金钱的多少，并不能代表人格的高低。倘若有钱人总是以一种蔑视的眼光去看待那些比不上自己的人，那么这个人的人格也不会高尚。因此，无论有钱也好、无钱也罢，从内心里平等地看待每一个人，这个人才能得到别人的尊敬和大家的肯定。否则这人即便拥有上亿身价，也同样是受人鄙视的。

曾经在某处看到了这么一种现象——

一位老人骑着一辆装满破烂儿的三轮车缓缓地经过报刊亭，此时，一辆“宝马”正准备靠边买报纸。车主见三轮在前边挡路，不耐烦地按了几下喇叭，老人给突如其来的怪叫吓慌了神，急从车上跳了下来，差点摔了一跤。车主继而不耐烦地又大吼：“快点走开！刮坏我的车，你赔得起吗！”

“宝马”车主那口气，很显然是一种居高临下的斥责，是贵族对平民的蔑视和吼叫，是强者对弱者的讥讽和吆喝。然而，大家心中却对这辆“宝马”存在着许多的猜想，怀疑这辆“宝马”是否真正的属于他——没准是家族产业、更没准是某企业的公有财产。即便这辆“宝马”是他靠劳动所挣得的，也不能说明他就比别人高人一等，他又有什么资格去怒吼一个自力更生的老人呢？

很显然“宝马”车主不但没有同情心，更没有一颗君子之心。对待这种人，用一句不好听的话来评论“狗眼看人低”也不为过。要知道，不懂得尊重别人的人就不会得到别人的尊重。人际交往，“平等原则”是前提条件。没有平等待人的观念意识，就不可能与他人建立良好的交往关系。那些不懂得尊重对方的做法，都不会产生良性的交往效果。平等待人，尊重他人，是获得他人信任的起点。

在1940年“百团大战”后的一天，当时担任八路军一二九师师长的刘伯承元帅，听到师机关有的人带着轻蔑的语气将勤杂人员叫做“伙夫”、“马夫”、“卫兵”、“号兵”等，非常生气，就此事专门做出了批示：“我们革命的军队官兵平等，都是革命大家庭的一员。今后，伙夫就叫炊事员，马夫就叫饲养员，挑夫就叫运输员，卫兵就叫警卫员，号兵就叫司号员，卫生兵就叫卫生员，勤务兵就叫公务员，理发师就叫理发员。”从此，八路军中的称谓就照此统一下来了，官兵关系从此也变得更密切了。

或许，我们有时也想“一碗水端平”却常常“端不平”。原因很多——身份、地位、贫富……都会影响到我们待人的态度。若想真正做到“一视同仁”，就需要我们闭上“现实的双眼”，去掉罩在别人身上的“光环”。

“爱人者人恒爱之，敬人者人恒敬之。”这是一个千古不变的道理，也是平等待人、获得友谊最基本的出发点。

苦恼的小和尚

有一位小和尚，每天早上负责打扫寺院里的落叶。一大清早就起来扫落叶，对小和尚来说实在是件苦差事，尤其是秋冬时节，每一次起风时，就有大片落叶飘下。

小和尚每天都需要花很多时间才能把树叶扫清，并且今天扫完，明天还要扫；一想到以后天天都要扫落叶，小和尚就头痛不已，所以他一直都想找个办法让自己轻松一点。

有个小和尚看到他整天郁郁寡欢的样子，就帮他出主意，说："你在明天打扫之前，先用力摇晃树干，把树叶全部摇下来，以后你就可以不用天天扫落叶了。这样岂不是省事很多了?"

小和尚觉得这个办法很不错，于是第二天，他起了一个大早，使劲地猛摇树干，他想他以后就不用每天都扫落叶了。一想到这里，小和尚就乐得眉开眼笑。

可是第三天，小和尚到院子一看，不禁傻眼了。院子里如往常一样，铺满了落叶。小和尚的心情也像那落叶一样，无奈而沉郁。

寺庙的住持走过来，对小和尚说："傻孩子，无论你今天怎样用力摇，明天的落叶还是会照样落下来的。"

小和尚终于明白了，世上的很多事情都是无法提前发生的，唯有认真地活在当下，才是最重要的。因为害怕明天的落叶，而葬送了今天的幸福，这是愚蠢的行为。此后，小和尚每天都开心地扫起落叶来。

世界上的事情是可以提前打算的，但不是所有的事情都可以提前做完的。许多人喜欢预支明天的烦恼，想要早一步解决掉明天的烦恼；但是明天如果真有烦恼，今天也是无法解决的。而且未来的烦恼常常是不存在的，它们只是我们的一种预设而已。

人们习惯于自寻烦恼，总在担心明天的某种不如意、不顺利。然而，明天的烦恼和不如意是否会发生？即使发生了，你是否有扭转乾坤之力？这些也许都是未知数。而今天的一切才是真正发生了的，如果你忽视了今天的快乐，而去想明天的忧愁，那么你失去了本来可以享有的快乐。如果你感觉到今天的忧愁，还要去想明天的忧愁，岂不是没有了一丝快乐的余地？所以，不要预支明天的烦恼，享受今天的快乐才是最重要的。

未来的，它只属于未来，而不属于现在。现在的，它也只属于现在，不能等同于未来，所以，抓住现在的你才可以拥有最真实的快乐。

守义而富且贵

有一位很想成为富翁的青年，到处旅行流浪，辛苦地寻找着成为富翁的方法。几年过去了，他不但没有变成富翁，反而成为衣衫破烂的流浪汉。

观世音菩萨被他的虔诚感动了，就教他说："要成为富翁很简单，从此以后，你要珍惜遇到的每一件东西、每一个人，并且为你遇见的人着想，布施给他。这样，你很快就会成为富翁了。"

青年听后高兴得不得了，就手舞足蹈地走出庙门。一不小心竟踢到石头绊倒在地上。当他爬起来的时候，发现手里粘了一根稻草，便小心翼翼地拿着稻草向前走。突然，他听见小孩号啕大哭的声音，走上前去。当小孩看见青年手上拿着稻草，立即好奇地停止了哭泣。那人就把稻草送给小孩，孩子高兴得笑起来。小孩的母亲非常感激，送给他三个橘子。

他拿着橘子继续上路，不久，看见一个布商蹲在地上喘气。他走上前去问道："你为什么蹲在这里，有什么我可以帮忙吗?"布商说："我口渴得连一步都走不动了。""这些橘子就送给你解渴吧。"他慷慨地把三个橘子全部送给布商。布商吃了橘子，精神立刻振作起来。为了答谢他，布商送给他一匹上好的绸缎。

青年拿着绸缎往前走，看到一匹马病倒在地上，骑马的人正在那里一筹莫展。他就征求马主人的同意，用那匹上好绸缎换那匹病马，马主人非常高兴地答应了。

他跑到小河边提了一桶水给那匹马喝，没想到才一会儿，马就好起来了。原来马是因为口渴才倒在路上。

青年骑着马继续前进，在经过一家大宅院的门前时，突然跑出来一个老人拦住他，向他请求：“你这匹马，可不可以借给我呢?”

他立刻从马上跳下来，说：“好，就借给你吧!”

那老人说：“我是这大屋子的主人，现在我有紧急的事要出远门。等我回来还马时再重重地答谢你；如果我没有回来，这宅院和土地就送给你好了。你暂时住在这里，等我回来吧!”说完，就匆匆忙忙骑马走了。

青年在那座大庄院住了下来，等老人回来。没想到老人一去不回，他就成了庄院的主人，过着富裕的生活。这时他领悟到：“呀!我找了许多年能够成为富翁的方法，原来这样简单!”

求取财富的道路不是靠无尽的索取，而应该是善意的施予，施予人方可得到他人的帮助，你的财富也才会逐渐积聚。倘若你只是一味地索取，最终只会断了财源。这就是佛法中所讲的因果报应。所以积聚财富的过程还应该是一个积聚人格的过程。

世界十大首富之一的李嘉诚因为秉承父亲遗训，立身处世，要求自己做到诚信、谦让、孝悌、宽恕。对钱财的观念，就如孔子所说，“不义而富且贵，于我如浮云”。

李嘉诚仗义助人，世所共知。只要能够对其他人有所帮助，使其他人得到快乐，他自己受损失也在所不辞。

1973年，世界发生了石油危机，当时物价指数大升，通货膨胀剧烈。其时李嘉诚的塑胶生意已经不是他的主要生意。李嘉诚已经在60年代将地产业作为主要的投资方向。但因为他的公司仍然是塑胶行业中营业额最多的，所以他被推举为该行业公会的主席。而此时，长江实业的地产业务，其收益已经远远超越塑胶行业。1973年的石油危机，发生得很突然，百物腾贵，塑胶的进口原料价格暴涨近10倍。不少工厂没有买入足够的原料，但它们早已经接了其他客户的订单，如果没有原料生产，它们可能会被追索赔偿，最终导致清盘破产。此时塑胶原料的价格飞升得厉害，他们根本负担不起。即使买入原料生产，因为成本价涨了这么多，生产后一样是血本无归。很多塑胶厂的业主进退两难，只有坐以待毙，不知如何是好。

李嘉诚作为行业公会的主席，联合所有塑胶生产商，组成统一阵线，一同买入塑胶原料，以打破其他大洋行的垄断。结果塑胶原料价格回落。不过，因为很多塑胶生产商当时在原料高价时不敢入货，现在时间紧迫，交货期限迫在眉睫，如果到期不能完成生产工序及付货给客户，他们一样会有问题。如何解决这个难题，渡过这个难关呢?仗义助人的李嘉诚当时是全香港最大的塑胶生产商，甚至在全世界内，他的塑胶生意也是数一数二的。当时李嘉诚的塑胶厂有一批原料存货。这些原料存货对李嘉诚的大企业可能只是适量的、不致过多的存货而已，但对一些小规模的生产商，这些原料已经足够他们多年的生产。李嘉诚义不容辞地将他手中的原料以低于他买入的成本价一半的价格，出让给同业的厂家。各厂家因此解决了当时原料不足的问题。李嘉诚这样做法，对自己毫无利益可言，买入的原料，只以一半成本价转让给其他同业，毫不计较个人的利益，只要其他同业能够生存，只要他们能够渡过难关，李嘉诚就感到快乐。这种真诚待人，不计较自己利益，以他人利益为先，以公义为先，即使追寻富贵，也先讲公义的精神，赢得了同业的敬重。像李嘉诚义助同业的例子，在以利为先的商业社会，并不容易找到。

李嘉诚先生的事例给人的启示就是，钱财并不是最重要的，最重要的是心之所安。而心之所安正是因为能够帮助其他人，使其他人快乐，使社会能够添一些温暖，使国家的经济能够因此得益，使民生能够因此进步，这是李嘉诚先生人生中最大的乐事。

“不义而富且贵，于我如浮云”，这是做人的一种胸襟。也是一种禅境的领悟。当一个人真正领悟之后并做到了视富贵如过眼云烟，积累财富却能摆脱财富的束缚。那么，他就能够成为人中的智者。

人生在世如果只在意金钱，没有了道义的支撑，金钱也就失去了它该有的价值。

勿以恶小而为之

佛教一直倡导信众和世人要“诸恶莫作，众善奉行。”不管是小的过错，还是小的罪恶，但凡是负面的言行都不要让它面世。三国时刘备在白帝城临终托孤时，仍不忘谆谆告诫刘禅：“勿以善小而不为，勿以恶小而为之。”刘备一世枭雄，留下的名言不多，唯有这句话流传千古，而且给后人永久的启示：奉劝人们不要因为某个坏习惯不起眼就不重视，这句话看似比较浅显，但却蕴含着很深的哲理。它告诉我们要在日常生活中的细节上加强道德修养，以免因小失大。

白居易为官时曾去拜访鸟窠道林禅师，他看见禅师端坐在鹊巢边，于是说：“禅师住在树上，太危险了!”

禅师回答说：“太守，你的处境才非常危险!”

白居易听了不以为然地说：“下官是当朝重要官员，有什么危险呢?”

禅师说：“薪火相交，纵性不停，怎能说不危险呢?”意思是说官场浮沉，勾心斗角，危险就在眼前。

白居易似乎有些领悟，转个话题又问道：“如何是佛法大意?”

禅师回答道：“诸恶莫作，众善奉行。”

白居易听了，以为禅师会开示自己深奥的道理，没想到只是如此平常的话，便失望地说：“这是三岁孩儿也知道的道理呀!”

禅师说：“三岁孩儿虽道得，八十老翁却行不得。”

白居易被禅师一语惊醒。

“勿以善小而不为，勿以恶小而为之。”谁都知道这个道理，但能够做到的人却很少。

佛说：“愚昧之人，其实亦知善业与恶业之分别，但时时以为是小恶，作之无害，却不知时时作之，积久亦成大恶。犹水之一小滴，滴下瓶中，久之，瓶亦因此一滴一滴之水而满。故虽小恶，亦不可作之，作之，则有恶满之日。”

有个非常有名的寓言故事，名叫“象牙筷子”，也非常有意思。商纣王刚登上王位时，请工匠用象牙为他制作筷子，他的叔父箕子十分担忧。因为他认为，一旦使用了稀有昂贵的象牙作筷子，与之相配套的杯盘碗盏就会换成用犀牛角、美玉石打磨出的精美器皿。餐具一旦换成了象牙筷子和玉石盘碗，你就千方百计地享用牛、象、豹之类的胎儿等山珍美味了。在尽情享受美味佳肴之时，你一定不会再去穿粗布缝制的衣裳，住在低矮潮湿的茅屋下，而必然会换成一套又一套的绫罗绸缎，并且住进高堂广厦之中。

箕子害怕演变下去，必定会带来一个悲惨的结局。所以，他从纣王一开始制作象牙筷子起，就感到莫名的恐惧。事情的发展果然不出箕子所料。仅仅只过了5年光景，纣王就穷奢极欲、荒淫无度地度日。他的王宫内，挂满了各种各样的兽肉，多得像一片肉林；厨房内添置了专门用来烤肉的铜烙；后园内酿酒后剩下的酒糟堆积如山，而盛放美酒的酒池竟大得可以划船。纣王的腐败行径苦了老百姓，更将一个国家搞得乌七八糟，最后终于被周武王剿灭而亡。

古人说“千里之堤，溃于蚁穴”，如果对小的贪欲不能及时自觉并且有效地修正，终将因为无底的私欲酿成灾难，小则身败名裂，大则招致亡国。我们要时常依照好的准则来检点自身的言行和思想，从善如流，否则等出现不良后果再深深痛悔都已太晚!

中国有个成语叫做“防微杜渐”，意思是在不良事物刚露头时就加以防止，杜绝其发展。这个成语的出处是有个典故的。东汉和帝即位后，窦太后专权。她的哥哥窦宪官居大将军，任用窦家兄弟为文武大臣，掌握着国家的军政大权。看到这种现象，许多大臣心里很着急，都为汉室江山捏了把汗。大臣丁鸿就是其中的一个。丁鸿很有学问，对经书极有研究，对窦太后的专权他十分气愤，决心为国除掉这一祸根。几年后，天上发生日食，丁鸿就借这个当时认为不祥的征兆，上书皇帝，指出窦家权势对于国家的危害，建议迅速改变这种现象。和帝本来早已有这种感觉和打算，于是迅速撤了窦宪的官，窦宪和他的兄弟们因此而自杀。

丁鸿在给和帝的上书中说，皇帝如果亲手整顿政治，应在事故开始萌芽时候就注意防止，这样才可以消除隐患，使得国家能够长治久安。

人之善恶不分轻重。一点善是善，只要做了，就能给人以温暖。一点恶是恶，只要做了，也能给人以损害。而最重要的是对自己的道德品质的影响。所以，生活中的我们须谨言慎行。从一点一滴要求自己，做到为善。只有这样，我们才不至于在人生的沟沟坎坎中马失前蹄，断送我们本该美好的前途。

善恶因心起，为小善可以养心，为小恶则可以损心。

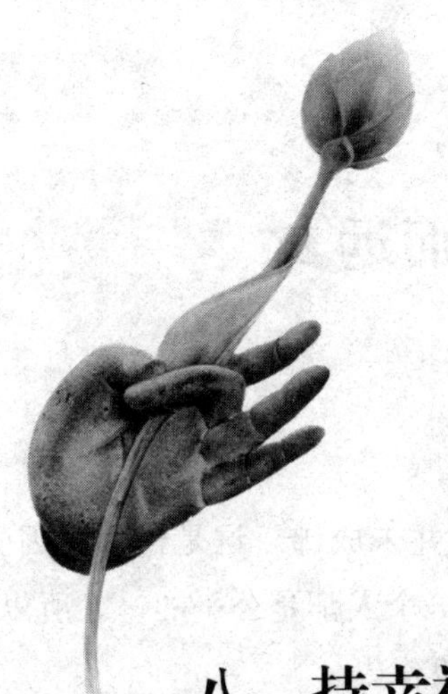

八、持幸福心，参快乐禅

快乐或者烦忧，不在于你的生活中发生了什么事情，而在于你对待这些事情的态度。只要自己丢下妄缘，抛开杂念，热闹场中亦可做道场，求得心灵的宁静和人生的快乐。

幸福因恶习而远去

佛说，众生都有成佛的潜质，但众生并未成佛，这是什么原因呢?因为他们被十种恶习蒙蔽了性灵。其实上天对每个人都是公平的，之所以还有那么多不幸福的人，也是因为十种恶习在心头作祟。

哪十种恶习呢?无惭、无愧、嫉、悭、悔、眠、昏沉、掉举、嗔恨、覆。

所谓无惭，就是不知道惭愧。古人云：“人不知耻，百事可为。”一个人如果不知羞耻，什么不光彩的事都做得出来。

所谓无愧，就是不知自省的意思。就像俗话说的：“人不知自丑，马不知面长。”一个人不知自省，他就看不到自己的缺点和不足，就不会去努力改进，那么，学问和做人功力就会停滞不前，事业和品德就难有长进。

嫉，就是嫉妒。嫉妒心特别强的人，将别人的收获看成自己的损失，为别人的成就暗自神伤。为了不让身边的人太得意，他经常在背后搞小动作，干一些损人不利己的勾当。他们成天忙于这些惹麻烦没好处的事，哪怕一生劳碌，也百事无成。

悭，就是吝啬。节俭是一种好习惯，过于吝啬，一点好处都到不了别人手里，人际关系必然很差。因为缺乏交流，信息不畅，不易发现成功的机会，见识方面也难有长进。吝啬不只是钱财的悭吝，还有对法的悭吝，也就是不愿把好的想法、好的建议告诉别人。这样，别人看不到他的诚意和才能，肯定不会对他重视。

悔，即做事后悔。“如果我那时好好读书就好了”，“如果我好好把握那个机会就好了”，后悔其实是不求上进的表现。如果认为读书有益，哪天不能读书?哪怕已经五六十岁也不晚，花上五六年时间，即可精通一门学问。难道非得青春年少在学校里读书吗?真正要读书，还是在社会上打拼时学以致用，比较容易长学问。如果认为某个机会重要，哪天没有机会?现在是一个机会社会，你需要的是识别和把握机会的能力。

眠，睡懒觉，也就是懒惰的意思。世界上最没出息的，无疑是懒惰不负责任的人。这种人没出息倒好，要是哪天时来运转，得到某个受重用的机会，那就很可能成为大家的不幸。

昏沉，就是昏头昏脑，迷糊颠倒的意思。这主要是身体或精神状况欠佳造成的。几乎每一个成就大业的人，都是精力充沛的人。有的人能力和智商都不差，人也不懒，主要是身体欠佳，一想问题就头痛，只好不想；一做事就气喘，只好不做或少做。这怎么能有成就呢?精神状态欠佳，跟身体状况有一定关系，但主要是心理调节能力的问题。有的人心事重，就像《红楼梦》里那个林妹妹一样，一点小事都要琢磨半天，这样肯定开心不起来。那么这样的人如何能够为人所用、给他人造福?

掉举，就是胡思乱想，注意力不集中。任何事精神专注才能做好，做事时东想西想，做出来的事肯定比较马虎。

嗔恨，性子浮躁，自控能力差，喜欢怨天尤人，喜欢自怨自艾，或者容易发怒。这不但容易搞坏人际关系，也容易惹麻烦。整天跟麻烦事打交道，哪有心情干事业呢?

覆，就是掩过饰非的意思。做错了事，不肯认错，总是找借口辩解，或者把过错推到别人身上。这种人难当大任，也不易受人信任。

以上十种恶习，是做任何事的障碍，所以，哪怕你不想成佛，对它们引起重视，也是必要的。

因为克服了这些恶习，最起码可以养成一种良好的心理品质，对你做一个成功的人大有裨益。

恶习是潜能的绊脚石，除掉自身恶习才可让潜能发挥出来。

用心体会生活的快乐

生活给予每个人的快乐大致上是没有差别的：人虽然有贫富之分，然而富人的快乐绝不比穷人多；人生有名望高低之分，然而那些名人却并不比一般人快乐到哪儿去。人生各有各的苦恼，各有各的快乐，只是看我们能够发现快乐，还是发现烦恼罢了。

白云禅师受到了神赞禅师《空门不肯出》的启发，而作过一首名为《蝇子透窗偈》的感悟偈。其偈是这样的——

为爱寻光纸上钻，不能透处几朵难。
忽然撞着来时路，始觉平生被眼瞒。

从表面意义上看，白云禅师的这首诗偈可以这样理解：苍蝇喜欢朝光亮的地方飞。如果窗上糊了纸，虽然有光透过来，可苍蝇却左突右撞飞不出去，直至找到了当初飞进来的路，才得以飞了出去，也才明白原来是被自己的眼睛骗了。苍蝇放着洞开无碍的“来时路”不走，偏要钻糊上纸的窗户，实在是徒劳无益，白费工夫。

这首诗偈通俗易懂却又意喻深刻，诗中的“来时路”喻指每个人的生活都有值得去品味的地方，只可惜往往不加以注意罢了。而“被眼瞒”一句更是深有寓意，意指人们常常被眼前一些表面的现象所欺骗，无法发现生活的真滋味。此偈选取人们常见的景象，语意双关、暗藏机锋，启迪世人不要受肉眼蒙蔽，而要用心灵去体会那些生活中，通常被人们忽略而又美丽的瞬间。

一位哲学家不小心掉进了水里，被救上岸后，他说出的第一句话是：呼吸空气是一件多么幸福的事情。空气，我们看不到，日常生活中也很少意识到，但失去了它，你才发现，它对我们是多么重要。据说后来那位哲学家活了整整100岁。临终前，他微笑着、平静地重复那句话：“呼吸是一件幸福的事。”言外之意，活着是一件幸福的事。

生活中的快乐无处不在，关键在于如何去体会，倘若用心体会便不难感受。生活的幸福是对生命的热情，为自己的快乐而存在，在那些看似无法逾越的苦难面前，依然能够仰望苍穹，快乐便会永远伴随左右。

一个人听说有一位很有名的乐观者，于是，他便去拜访这位乐观者。

乐观者乐呵呵地请他坐下，很有礼貌地帮助他解决心中的烦恼。

“假如你一个朋友也没有，你还会高兴么?”这个人开门见山地问。

“当然，我会高兴地想，幸亏我没有的是朋友，而不是我自己。”

“假如你正行走间，突然掉进一个泥坑，出来后你成了一个脏兮兮的泥人，你还会快乐么?”

“我还是会很高兴的，因为我掉进的只是一个泥坑，而不是万丈深渊。”

“假如你被人莫名其妙地打了一顿，你还会高兴么?”

“当然，我会高兴地想，幸亏我只是被打了一顿，而没有要我的性命。”

“假如你去拔牙，医生错拔了你的好牙而留下了患牙，你还高兴么?”

“当然，我会高兴地想，幸亏他错拔的只是一颗牙，而不是清除了我的心脏。”

“假如你正在睡觉，忽然来了一个人，在你面前用极难听的嗓门唱歌，你还会高兴么?”

“当然，我会高兴地想，幸亏在这里嚎叫着的，是一个人，而不是一匹狼。”

“假如你马上就要离开这个世界，你还会高兴么?”

“当然，我会高兴地想，我终于高高兴兴地走完了人生之路，可以高高兴兴地去参加另一个‘宴会’了。”

“这么说，生活中没有什么是可以令你烦恼或者痛苦的?”

“是的，只要你愿意，你就会在生活中发现和找到快乐。痛苦往往是不请自来，而快乐和幸福往往需要人们去发现，去寻找。”乐观者说。

听到了乐观者这一连串的快乐表白，拜访乐观者的人也悟出了其中的道理，因而，他的生活也充满了欢乐。

很显然，如果我们不能用心去体会生活中的那部分快乐，缺乏珍惜之心也很难意识到快乐的所在，有时甚至连正在历经的快乐都会失去。正如一位哲学家曾说过的：快乐就像一个被一群孩子追逐的足球，当他们追上它时，却又一脚将它踢到更远的地方，然后再拼命地奔跑、寻觅。

人们都追求快乐，但快乐不是靠一些表面的形式来获得或者判定的，快乐其实来源于每个人的心底。安徒生曾经著有一则名为《老头子总是不会错》的童话故事，说的就是如何去寻找生命中的快乐——

在某个地方的乡村，有一对清贫的老夫妇，有一天他们想把家中唯一值钱的一匹马拉到市场上去换点更实用的东西。

于是，老头子牵着马去赶集了，他先与人换了一头母牛，又用母牛去换了一只羊，再用羊换来一只肥鹅，又把鹅换了母鸡，最后用母鸡换了别人的一袋子烂苹果。在每次交换时，老头都幻想着能给老伴带去惊喜。

当他扛着大袋子来到一家小酒店歇息时，遇上两个英国人。闲聊中他谈到了自己赶集的经过，两个英国人听后哈哈大笑，说他回去准会被他老婆臭骂一顿。老头子坚持说这种事情绝对不可能发生。英国人就用一袋金币与他打赌，三个人于是一起来到老头子家中。

老太婆见老头子回来了，非常高兴，她兴奋地听着老头子讲赶集的经过。每听老头子讲到用一种东西换了另一种东西时，她都充满了对老头子的钦佩。她嘴里不时地说着："哦，我们有牛奶了!""羊奶也同样好喝。""哦，鹅毛多漂亮!""哦，我们有鸡蛋吃了!"

最后听到老头子背回一袋已经开始腐烂的苹果时，她同样不愠不恼，大声说："我们今晚就可以吃到苹果馅饼了!"结果，英国人输掉了一袋金币。

生活本来就是柴米油盐这些繁琐而又现实的组合，每个人的生活都是如此。与其看不如意的方面，不如学会寻找乐趣，看生活中好的一面。如果我们能够像《老头子总是不会错》中的老太婆一样看待生活，用心去体会平凡中的幸福与快乐，那么微笑就会时常挂在嘴角，幸福的甜蜜也会永驻心间!

生活中的情趣是靠心灵去体会的。去掉繁杂，我们的心会更简单，得到更多的快乐。生命短暂，找到自己的快乐才是本质，用心去体会生活，你做得到吗?

让不幸的过去随风而去

对于过去因一时的过错而带来的不幸和挫折，我们不应耿耿于怀。《坛经》上说“改过必生智慧，护短心内非贤。”意思有两个，一个是说知错能改善莫大焉，另一个就是让人们不要总停留在过去，过去的成功也罢失败也好，都不能代表现在和未来。

唐代文学家、哲学家柳宗元对于禅学也颇有研究，他所作的《禅堂》一诗就暗藏着深刻禅理——

万籁俱缘生,杳然喧中寂。
心境本同如,鸟飞无遗迹。

这首诗是柳宗元被贬之后所作的，前两句的意思是，大自然的一切声响都是由因缘而生，那么，透过因缘，能够看到本体；在喧闹中，也能够感受到静寂。后两句意思是说，心空如洞，更无一物，所以就能不被物所染，飞鸟(指外物)掠过，也不会留下痕迹。它不仅写出了被贬之后的幽独处境，而且道出了禅学对这种心境的影响。

可以说人的一生由无数的片段组成，而这些片断可以是连续的，也可以是风马牛毫无关联的。说人生是连续的片断，无非是人的一生平平淡淡、无波无澜，周而复始地过着循环往复的日子；说人生是不相干的片断，因为人生的每一次经历都属于过去，在下一秒我们可以重新开始，可以忘掉过去的不幸、忘掉过去不如意的自己。

在雨果不朽的名著《悲惨世界》里，主人公冉·阿让本是一个勤劳、正直、善良的人。他穷困潦倒，度日艰难。为了不让家人挨饿，迫于无奈，他偷了一个面包，被当场抓获，判定为“贼”，锒铛入狱。

出狱后，他到处找不到工作，饱受世俗的冷落与耻笑。从此他真的成了一个贼，顺手牵羊，偷鸡摸狗。警察一直都在追踪他，想方设法要拿到他犯罪的证据，以把他再次送进监狱，他却一次又一次逃脱了。

在一个风雪交加的夜晚，他饥寒交迫，昏倒在路上，被一个好心的神父救起。神父把他带回教堂，但他却在神父睡着后，把神父房间里的所有银器席卷一空。因为他已认定自己是坏人，就应干坏事。不料，在逃跑途中，被警察逮个正着，这次可谓人赃俱获。

当警察押着冉·阿让到教堂，让神父辨认失窃物品时，冉·阿让绝望地想：“完了，这一辈子只能在监狱里度过了!”谁知神父却温和地对警察说：“这些银器是我送给他的。他走得太急，还有一件更名贵的银烛台忘了拿，我这就去取来!”

冉·阿让的心灵受到了巨大的震撼。警察走后，神父对冉·阿让说：“过去的就让它过去，重新开始吧!”

从此，冉·阿让洗心革面，重新做人。他搬到一个新地方，努力工作，积极上进。后来，他成功了，毕生都在救济穷人，做了大量对社会有益的事情。

冉·阿让正是由于摆脱了过去的束缚，才能重新开始生活、重新定位自己。

人们也常说，“好汉不提当年勇”，同样，当年的辉煌仅能代表我们

过去，而不代表现在。面对过去的辉煌也好、失意也罢，太放在心上就会成为一种负担，容易让人形成一种思维定势，结果往往令曾经辉煌过的人不思进取，而那些曾经失败过的人依然沉沦、堕落。然而这种状态并非是一成不变的——

有一天，有位大学教授特地向日本明治时代著名禅师南隐问禅，南隐只是以茶相待，却不说禅。

他将茶水注入这位来客的杯子，直到杯满，还是继续注入。这位教授眼睁睁地望着茶水不停地溢出杯外，再也不能沉默下去了，终于说道：“已经溢出来了，不要再倒了！”

“你就像这只杯子一样。”南隐答道，“里面装满了你自己的看法和想法。你不先把你自己的杯子空掉，叫我如何对你说禅呢?”

人生就是如此，只有把自己“茶杯中的水”倒掉，才能让人生倒入新的“茶水”。

幸福与穷富无关

六祖惠能曾说“无忆无著，不起诳妄，用自真如性”，又言“于一切法，不取不舍，即是见性成佛道”。从惠能禅师的这两句话中不难发现，它们表达了一个共同的禅意——“贫不慕人，富不骄人，冷眼观贫富。”

寒山禅师也曾作偈《东家一老婆》来指导人们应该如何看待贫富——

东家一老婆，富来三五年。
昔日贫于我，今笑我无钱。
渠笑我在后，我笑渠在前。
相笑傥不止，东边复西边。

寒山禅师这首诗偈寓意很深。以生活中一种常见的社会现象，提出令人深思的严肃问题。过去被我看不起的穷者，富了之后反笑我寒酸。我笑他在前，他笑我在后，笑与被笑的位置不断变换，必将陷入无穷的悲与喜的轮回之中。然而一旦做到了既不因贫贱羡人，也不以富贵骄人，超脱于世俗的祸福之外，唯求自心清静，律己自重，这样就不会陷入“东边复西边”的无尽烦恼之中了。

前些日子在媒体上看到了这样一则标语——“谁富裕谁光荣，谁贫穷谁无能。”标语很醒目，真切地反映了人们渴望富裕，追求富裕的迫切心情。然而它的表述却令人觉得别扭，甚至有些不入耳。难道说，富裕了就可以瞧不起那些贫困的人，那些贫困的人就应该自卑下去吗？下面我们看一则寓言故事，便能从中感悟到一些东西——

一位十分富有的父亲，想让儿子知道自己生在一个富有的家庭是多么幸福的事儿，就安排儿子去看看穷人们的生活。

于是，这位父亲带着一家人来到乡下。他们找到了一户最穷的人家，在那儿度过了一天一夜。

回来后，父亲便美滋滋地问儿子：“你认为此行如何？”

“非常好，爸爸！”

“现在你该知道穷人的生活是什么样子了吧？”父亲问道。

“是的。”

“你都看见什么了？”

“我看到我们家花园中央有一个游泳池，他们却有一条没有尽头的小溪；我们家花园里有许多进口的灯，他们却拥有满天的繁星；我们的院子虽然很大，他们的院子却延伸到地平线上。”儿子说完后，父亲沉默无语。

儿子又说：“谢谢你，爸爸，你让我明白了我们是多么贫穷！”

富者可能在某些时候或某些方面抓住了机遇，成为了富人，然而为富不仁、弃贫爱富就是贫困的另一种表现，而这种表现让整个社会都厌恶。以贫富论英雄，是一种狭义的贫富观。中国著名的数学家陈景润算是穷到家了，但是谁又能鄙视陈景润呢？还有历代以来的那些清官、廉官，谁又能说他们无能值得鄙视呢？

那些贫穷一点的人更应该看清自己的位置，不要盲目自卑，更不要因为贫穷而丢掉某些富人们所不拥有的“富裕”。作为不富裕的人，一定要成功地理解穷，思考为何会穷？千万不要轻信富人的杜撰，成功者奋斗的历史，道理很简单：别人的衣裳不一定适合自己穿。当我们发现，努力了、奋斗了，依然不富时，那穷就不是我们的错了。

可以说，世界没有绝对的穷人，也没有绝对的富人。以金钱分也只是一个局部，而我们面对的是人，是人生活的方方面面。但我们在金钱上的缺失，这肯定是“硬伤”，但当注定我们在这方面是矮子时，我们为何偏要从短处较劲，而不去在其他方面发挥优势呢？

因此说，不管是富人还是穷人，都不要因为自己身处的位置而骄傲或者自卑、鄙视或者羡慕，正如一句广告词说的“每个人都有自己的舞台”，只要自己正视这点，我们都将是富有的人。

倘若我们暂时富裕，切莫鄙视或嫌弃那些不如我们的人；如果我们暂时贫穷或者稍不如意，同样不必去羡慕那些整天开车、忙于应酬的人。正是由于生活是自己的，我们才能体会到那份只属于自己的幸福与甜蜜，而这绝对与贫穷或富裕没有必然的联系。

内心的富足才是真正的快乐

一日，无悔禅师正在院子里锄草，迎面走来三位信徒，向他施礼，说道：“人们都说佛教能够解除人生的痛苦，可是我们信佛这么多年，却并不觉得快乐，这是怎么回事呢?”

无悔禅师放下锄头，安详地看着他们说：“想快乐并不难，首先要弄明白为什么活着！”

三位信徒你看看我，我看看你，都没料到无悔禅师会向他们提出这样的问题。

过了片刻，甲说：“人总不能死吧!死亡太可怕了，所以人要活着。”

乙说：“我现在拼命地劳动，就是为了老的时候能够享受到粮食满仓、子孙满堂的天伦之乐。”

丙说：“我可没你那么高的奢望。我必须活着，否则我一家老小靠谁养活呢?”

无悔禅师笑着说：“怪不得你们得不到快乐，原来你们想到的只是死亡、年老、被迫劳动，而不是理想、信念和责任。没有理想、信念和责任的生活当然是很疲劳、很累的，不会觉得幸福，当然也不会觉得快乐了。”

信徒们不以为然地说："理想、信念和责任，说说倒是很容易，但总不能当饭吃吧!"

无悔禅师说："那你们说，有了什么才能快乐呢?"

甲说："有了名誉就有了一切，我就会觉得很快乐。"

乙说："我觉得有了爱情，才会有快乐。"

丙说："金钱才是最重要的，有了它我就什么都不愁了。"

无悔禅师说："那我提个问题：为什么有人有了名誉却很烦恼，有了爱情却很痛苦，有了金钱却更忧虑呢?"信徒们无言以对。

无悔禅师接着说："理想、信念和责任并不是空洞的，而是体现在人们每时每刻的生活中。必须改变对生活的观念、态度，生活本身才能有所变化。说到底，快乐是要靠我们自己去寻找的。"

听完无悔禅师的话，三位信徒从此明白了快乐之道。

其实，快乐与不快乐完全取决于我们对于生活和人生的态度。有一则小幽默说，同样一个甜甜圈，在有些人眼中，因为它是甜甜圈，所以会觉得可口，所以感觉很开心；而在另外一些人眼中，因为它中间缺了一个洞，就会觉得遗憾而变得不开心。所以，快乐不快乐完全是由我们自己决定的，而真正的快乐是从心底流出的。

据说，终南山出产一种快乐藤。凡是得到此藤的人，一定会喜形于色，笑逐颜开，不知道烦恼为何物。曾经有一个人，为了得到无尽的快乐，不惜跋山涉水，去找这种藤。他历尽千辛万苦，终于来到了终南山。可是，他虽然得到了这种藤，可仍然觉得不快乐。

这天晚上，他到山下的一位老人家里借宿，面对皎洁的月光，不由地长吁短叹。

他问老人："为什么我已经得到了快乐藤，却仍然不快乐呢?"

老人一听乐了，说："其实，快乐藤并非终南山才有，而是人人心中

都有，只要你心里充满欢乐，无论天涯海角，都能够得到快乐。心就是快乐的根。”

这人恍然大悟。

人生一世，草木一秋，能够快快乐乐地活一生，是每个人心中的梦想。但是怎样才能求得快乐呢?那就是要清醒地知道快乐之道的根本在我们自己。

人的心灵是最富足的，也是最贫乏的。不同的人之所以对生活的苦乐有着不同的感受是因为心灵的富足和贫乏，而绝不是任何外物的客观影响，内心的快乐才是快乐之道。

简单才能快乐

一天晚上三更半夜，智通和尚突然大叫："我大悟了!我大悟了!"

他这一叫惊醒了众多僧人，连禅师也被惊动了。众人一起来到智通的房间，禅师问："你悟到什么了?居然这个时候大声吵嚷，说来听听吧!"

众僧以为他悟到了高深的佛旨，没想到他却一本正经地说道："我日思夜想，终于悟出了——尼姑原来是女人做的。"

刚说完，众僧就哄堂大笑，"这是什么大悟呀，我们大家都知道的呀!"

但是禅师却惊异地看着智通，说："是的，你真的悟到了!"

智通和尚立刻说道："师父，现在我不得不告辞了，我要下山云游去。"

众僧又是一惊，心里都认为：这个小和尚实在是太傲慢了，悟到"尼姑是女人做的"这么简单的道理也没什么稀奇的，却敢以此要求下山云游，真是太目中无人了。

然而禅师却不这样认为，他觉得智通到了下山云游的时候了，于是也不挽留他，提着斗笠，率领众僧，送他出寺。到了寺门外，智通和尚接过了禅师给他的斗笠，大步离去，再也没有任何留恋。

众僧都不解地问禅师："他真的悟到了吗?"

禅师感叹道："智通真是前途无量呀!连'尼姑是女人做的'都能参

透，还有什么禅道悟不出来的呢?虽然这是众人皆知的道理，但是有谁能从这里悟出佛理呢?这句话从智通的嘴里说出来，蕴涵着另一种特殊的意义——世间的事理，一通百通啊。”

世界上的事，无论看起来是多么复杂神秘，其实道理都是很简单的，关键在于是否看得透。生活本身是很简单的，快乐也很简单，是人们自己把它们想得复杂了，或者人们自己太复杂了，所以往往感受不到简单的快乐，他们弄不懂生活的意味。

睿智的古人早就指出：“世味浓，不求忙而忙自至。”所谓“世味”，就是尘世生活中为许多人所追求的舒适的物质享受、为人欣羡的社会地位、显赫的名声，等等。今日的某些人追求的“时髦”，也是一种“世味”，其中的内涵说穿了，也不离物质享受和对“上等人”社会地位的尊崇。

可怜某些人在电影、电视节目以及广告的强大鼓动下，“世味”一“浓”再“浓”，疯狂地紧跟时髦生活，结果“不知不觉地陷入了金融麻烦中”。尽管他们也在努力工作，收入往往也很可观，但收入永远也赶不上层出不穷的消费产品的增多。如果不克制自己的消费，不适当减弱浓烈的“世味”，他们就不会有真正的快乐生活。

菲律宾《商报》登过一篇文章。作者感慨她的一位病逝的朋友一生为物所役，终日忙于工作、应酬，竟连孩子念几年级都不知道，留下了很多遗憾。作者写道，这位朋友为了累积更多的财富，享受更高品质的生活，终于将健康与亲情都赔了进去。那栋尚在交付贷款的上千万元的豪宅，曾经是他最得意的成就之一。然而豪宅的气派尚未感受到，他却已离开了人间。作者问：“这样汲汲营营追求身外物的人生，到底快乐何在?”

这位朋友显然也是属于“世味浓”的一族，如果他能把“世味”看淡一些，像有些人那样“住在恰到好处的房子里，没有一身沉重的经济负担，周末休息的时候，还可以一家大小外出旅游，赏花品草……”这岂不是惬意的生活?

简单的生活是快乐的源头，它为我们省去了欲求不得满足的烦恼，又为我们开阔了身心解放的快乐空间！

简单就是剔除生活中繁复的杂念、拒绝杂事的纷扰；简单也是一种专注，叫做“好雪片片，不落别处。”生活中经常听一些人感叹烦恼多多，到处充满着不如意；也经常听到一些人总是抱怨无聊，时光难以打发。其实，生活是简单而且丰富多彩的，痛苦、无聊的是人们自己而已，跟生活本身无关。所以是否快乐、是否充实就看你怎样看待生活、发掘生活。如果觉得痛苦、无聊、人生没有意思，那是因为不懂快乐的原因。

快乐是简单的，它是一种自酿的美酒，是自己酿给自己品尝的；它是一种心灵的状态，是要用心去体会的。简单地活着，快乐地活着，你会发现快乐原来就是：“众里寻她千百度，蓦然回首，那人却在灯火阑珊处。”

无财何尝不是福

能安于贫贱的人是有福之人。因为他们心里无财富的挂碍，所以活得潇洒。而能在富贵中保持清心寡欲的更是有福之人，因为他们心里、眼里都无财富的挂碍，所以活得幸福。

一位老居士的家中降生了一个男孩，长得英俊端庄，父母非常疼爱他。这孩子从小就聪明异常，和一般的小孩子完全不同。他在无忧无虑中快乐地度过了黄金般的童年。

人类往往被欲念所迷惑，在欢乐的日子里，想不到痛苦的一面，唯有超卓的人才不至于堕落。居士家中的这个孩子可是有高人一层的智慧。虽然他生长于安逸的环境中，但仍能了解人生的痛苦和罪恶。因此，他在成年以后，就辞亲出家当比丘。

有一次，在教化回来的森林里遇到一队商人，他们到外乡从商路过此地。当时已是傍晚，太阳西下，商人们扎营住宿。出家比丘看到这些商人以及大小的车辆载着大量货物，并不关心，只管在离商队营帐不远的地方徘徊踱步。

这时从森林的另一端来了很多山贼。他们打听到有商队经过，就想乘夜幕降临以后劫掠财物。但当他们靠近商营的时候，却发现有人在营外漫步。山贼怕商队有备，所以想等大家都睡熟才好动手，然而营外巡逻的那个人，通宵不入营休息。天已渐亮了，山贼因无机可乘，只得气愤地大骂而走。

正在睡觉的商人，忽然听到外面的吵闹声跑出来看，只见一大队的山贼手执铁锤木棍往山上跑去。营外有一位出家人站在那儿。商人惊恐地走上前去问道：

“大师，您见到山贼了吗?”

“是的，我早就看到了，他们昨晚就来了。”出家人回答说。

“大师，”商人又向前问道，“那么多的山贼，您怎么不怕?独自一个人，怎能敌得过他们呢?”

出家人心平气和地说道：“各位，见山贼而害怕的是有钱人。我是一个出家人，身无分文，我怕什么?贼所要的是钱财宝贝，我既然没有一样值钱的东西，无论住在深山或茂林里，都不会起恐惧心。”

比丘的话使众商人醒悟，他们认识到自己的凡俗：对不实在的金钱，大家肯舍命去取得，而对真实自由自在的平安生活，反而视若无睹。他们决心跟着这位比丘出家修行。从此，他们体会到这个世间苦空的意义，把无常的钱财带在身边，那实际上是一种拖累。

中国有句古话叫做：人生有三宝，妻丑、薄地、破棉袄。因为贫穷，人才无恐惧心，因为贫穷，人才有上进心，艰难困苦是人生的一笔财富。它可以化无形为有形，并告诫你时刻保持冷静、清醒。正确对待有形的财富。

香港富豪徐展堂出身名门望族，幼年生活可说优裕富贵。但上天似乎有意要考验他。他13岁时，父亲生意失败，不久又染上肺痨去世。年幼的徐展堂一下子从蜜罐掉进了苦海。当时，徐展堂刚读完小学，无奈只好放弃升学，出来“捞世界”谋生，提起幼年时未有更多读书机会，徐展堂至今还感到遗憾。

年仅13岁的徐展堂不得不涉足社会，面对人生。他曾从事过多种低微

的职业，如银行信差、卖“云吞面”、为商店翻新旧招牌、安排看更等。从十几岁至二十几岁，是他一生中最为艰苦搏命的时期。

艰苦的经历，不仅没有消磨他的意志，反而激发了他的斗志。他不甘心久居人下，白天工作，晚间则上夜校进修，学习英语，大量阅读历史书籍和名人传记，从中汲取思想养分。

就这样，他终于成长为香港传媒界的新星。

无财是一种福气，能很好利用财富的人同样享有这种福气，佛陀所说的断掉各种贪欲，并非是说让人变得无情无欲，而是说要消除人的不合理的过分的有碍身心健康的欲望，从而完善人生，使人生更加幸福。

知足即是福

拥有花，就去深嗅花的芬芳；拥有草，就去欣赏草的青绿；怀有一颗知足心品尝已有果实和美味，才能获得真实的快乐。

菩萨在得道之前，是一个大国的国王，名叫察微。有一次，在空闲的日子里，察微王穿着粗布衣服，去巡视民情。他看到一个老头正在愁眉苦脸地补鞋，就开玩笑地问他说："天下的人，你认为谁是最快乐的?"

老头儿不假思索地回答："当然是国王最快乐了，难道是我这老头儿呀?"

察微王问："他怎么快乐呢?"

老头儿回答道："百官尊奉，万民贡献，想要什么，就能有什么，这当然很快乐了。哪像我整天要为别人补鞋子这么辛苦。"

察微王说："那倒如你讲的。"

他便请老头儿喝葡萄酒，老头儿醉得毫无知觉。察微王让人把他扛进宫中，对宫中的人说："这个补鞋的老头儿说做国王最快乐。我今天和他开个玩笑，让他穿上国王的衣服，听理政事，你们配合点。"

宫中的人说："好!"

老头儿酒醒过来，侍候的宫女假意上前说道："大王醉酒，各种事情

积压下许多，应该去理政事了。”

众人把老头儿带到百官面前，宰相催促他处理政事，他懵懵懂懂，东西不分。史官记下他的过失，大臣又提出意见。他整日坐着，身体酸痛，连吃饭都觉得没味道，也就一天天瘦了下来。

宫女假意地问道：“大王为什么不高兴呀?”

老头儿回答道：“我梦见我是一个补鞋的老头儿，辛辛苦苦，想找碗饭吃，也很艰难，因此心中发愁。”

众人莫不暗暗好笑。夜里，老头儿翻来复去睡不着觉，说道：“我究竟是一个补鞋的老头，还是一个真正的国王?要真是国王，皮肤怎么这么粗?要是个补鞋的老头又怎么会在王宫里?是我的心在乱想，还是眼睛看错了?一身两处，不知哪处是真的?”

王后假意说道：“大王的心情不愉快。”便吩咐摆出音乐舞蹈，让老头儿喝葡萄酒。

老头儿又醉得不知人事。大家给他穿上原来的衣服，把他送回原来的破床上。老头儿酒醒过来，看见自己的破烂屋子，还有身上的破旧衣服，都和原来一样，全身关节疼痛，好像挨了打似的。

几天之后，察微王又去看老头儿。老头儿说：“上次喝了你的酒，就醉得不晓人事，到现在才醒过来。我梦见我做了国王，和大臣们一起商议政事。史官记下了我的过失，大臣们又批评我，我心里真是惊惶忧虑，全身关节疼痛，比挨了打还痛苦。做梦都如此，不知道真正做了国王会怎么样。上次说的那些话错了。”

因而菩萨说：“莫羡王孙乐，王孙苦难言；安贫以守道，知足即是福。”

补鞋的老头儿羡慕国王的生活，以为锦衣玉食、万民朝拜就是一种快乐，岂不知国王也有国王的苦恼，补鞋也有补鞋的乐趣。

其实布衣茶饭，也可乐终身。人生在世，贵在懂得知足常乐，要有一颗豁达开朗平淡的心，在缤纷多变、物欲横流的生活中，拒绝各种诱惑，心境变得恬适，生活自然就愉悦了。而人之所以有烦恼，就在于不知足，整天在欲望的驱使下，忙忙碌碌地为着自己所谓的“幸福”追逐、焦灼、勾心斗角……结果却并非所想。

早在春秋时期，就有过这种活生生的例子：

曾与“卧薪尝胆”的越王勾践一起同甘共苦过的范蠡，在越国最终击败吴国之后被任命为大将军。在世人看来，此时的范蠡本应享受富贵荣华风光无限，可他却偏偏辞去官职离开越国，彻底地销声匿迹了。据《史记》记载，范蠡先是去了齐国务农，后又移至陶地经商，并更名改姓陶朱公，安享余生，直至终老。

而与范蠡同样作为越国重臣的文种，却因为贪心不足，落得个完全不同的结局。

在越国击灭吴国后，曾经在沙场上立下了汗马功劳的文种依然选择留在越王勾践的身边，完全不顾范蠡对他做出的“飞鸟尽，良弓藏，狡兔死，猎狗烹”的忠告。虽然文种最后也称病辞官，可他却因为不愿放弃家乡的良田美景而继续留在了越国国内。由于他的功劳和威名实在太大，所以当奸佞小人诬陷他有兴兵作乱的企图时，早就想要除掉这个心腹大患的越王勾践也就借着这个机会，以谋反罪将文种处死了。

同样是居功至伟的朝廷重臣，范蠡和文种的最终结局却一生一死迥然有别。归根结底，还是因为他们对待“名利”二字的态度和做法存在着太大的不同。淡泊名利的得以快乐终老，而执著名利的却最终人财两空。

知足天地宽，贪则宇宙窄。放下肩头利欲的重担，拉住知足的手，珍惜所得到的所拥有的一切，在知足中进取，快乐将永远陪伴左右。

比较得来的苦恼

习惯于比较是人的天性，正是这种喜欢比较的天性促成了人与人之间的相互攀比，也促成了人的苦恼的产生。而且，人总是习惯于去看比较之后那不利的一面，所以，苦恼当然会随即而至。

佛经上称，世间为欲界，欲是什么?欲是生命内在的希求，有从生理上发出的，也有从心理上发出的。

世人有五欲：财欲，即对财富的希求；色欲，对男女性交的希求；名欲，对名誉地位的希求；食欲，对饮食美味的希求；睡欲，对睡眠的希求。有情生命总是在五欲境界中不停地追逐，寻找所谓的幸福。

生活在欲望中，总想占有一切，于是容不得别人比自己好，什么事情都要比较。这样有了分别心、比较心，就很难解脱了。带着比较心生活的人，永远都没有满足的时候。而且一旦落于人后，更会产生酸葡萄的心理。

北海有一条身长好几里的大鱼，活了几千年。有一天，忽然刮了一阵大旋风，这条大鱼顺着旋风竟然变成了一只大鹏鸟。

大鹏鸟身长也有几里长，它乘风振翅一冲，便能飞腾到九千里的高空。它想从北海飞到南海，这大概需要半年的时间。在这半年当中，它不停地飞呀飞，从高空往下一望，看到白云朵朵，如万马行空一样；抬起头，则是一片无边无际灰茫茫的天空，除此之外一无他物，经过六个月的飞行，它终于到达了南海。

那时，地面上正好有一只小麻雀，看到了大鹏鸟，它有点不舒服，心想：“飞得那么高，何必呢?有那么大的身体，要到达南海还不是得不断地辛苦飞行吗?像我这么小巧玲珑的身材多好呀，飞行的时候可以轻轻松松地，只要一枝小小的枝丫，就可以作为栖身之地；累了还可以到地面走走；如果想飞高一点，又飞不上去时，我干脆就降落到草地上，像这样生活多逍遥啊!大鹏鸟也没什么了不起的嘛!”

事实上，小麻雀并不逍遥，因为它的心在与大鹏鸟做比较!因为自己的体型、力量太小，无法像大鹏鸟一飞冲天，所以就只能自我安慰地说说罢了。这正是比较中产生的酸葡萄心理在作祟!

事实上，大鹏鸟的身体大，两翅张开便有几里长，它若不展翅高空，又将如何飞行?如何生活?小麻雀虽然身体较小，但小巧有小巧的好处，大家各有各的特长，各有各的生活空间，谁能剥夺彼此的空中享有权呢?

人与人之间也同样如此，人的烦恼就是从比较、计较中产生的，从小在家中比较父母疼爱谁多一点，计较父母的偏心；上学后，学会与人比较谁的分数高，计较老师喜欢谁；踏入社会则又比较谁的工资高，计较老板对谁好；即使父母去世了，还要计较谁分得的遗产多一点。就因为一切都要比较，各种纷争就应运而生了，甚至很多罪恶也是由此而起。

其实，与别人比较，是相当辛苦的。生活属于我们自己，为何要整天追随别人的脚步？我们的地位可以卑微，我们的金钱可以不如别人多，但我们的权力和任何人都是平等的。只有不比较、不计较，不把注意力集中在别人身上，才能将自己有限的时间全部融入自我的生命中，做出一番事业，最终无愧于来此一遭。而在心灵的坦然、安然中，在生活的自适、自得中，才能懂得欣赏他人的荣耀、成就或美丽，这才是一种修养、一种风度!

佛祖告诉我们，外相的一切都是虚空的，所以不要在表相上分别、比较。人生最大的缺憾，莫过于和别人比较，放弃自己。外来的比较，让我们心灵动荡，不得自在，甚至迷失自己，障蔽了心灵深处原有的氤氲馨香。

无比较心，做我们自己，人生就不会痛苦，不会迷乱。所以，不和别人比较，才能获得内心的平衡，才能悠然自得，才能找到一分安乐!

与他人比较，你会痛苦；与自己比较，才会得到快乐。你的目光需要追随的不是别人，而应该是你自己。

有一双发现快乐的眼睛

一次，景岑禅师出去布道。傍晚时分，他看到一位孕妇背着一只竹篓走过，她的衣服破旧，脚上落满尘土，竹篓似乎很重，压得她都直不起腰来。她的左手牵着一个小女孩，右臂抱着一个更小的孩子，匆忙地赶路。

景岑禅师以为，这样沉重的生活一定会让这位妇人不堪重负，可是她的脸上却明明有着像明月一样温婉的笑容。

她只是一个普通的女人，为了生活辛苦地奔波。但是她自己有所追寻，所以不但没有觉得劳苦，反而感觉到十分充实而且快乐。能微笑着对待生活的艰辛，可见她有一种良好的心态，她的心境是平和的。

看到这些，景岑禅师非常感动，心想："世人都能这样生活，哪还会有什么烦恼呀?也不需要佛祖来普度众生了。"

佛教讲"无常"，凡事可以变好，凡事也可以变坏。面对金黄的晚霞映红半边天的情景，有人叹息："夕阳无限好，只是近黄昏。"也有人想到："莫道桑榆晚，晚霞尚满天。"面对半杯饮料，有人遗憾地说："可惜只有半杯了。"有人庆幸地说："尚好，还有半杯可饮。"不同的人对同一件事有不同的看法，不同的看法必然有不同的结果。

我们每个人都有自己的生活，都有选择精彩人生的机会，关键在于你有没有一双发现快乐的眼睛，这是唯一一件真正属于你的权利，没有人能够控制或夺去。如果你能时时注意这个事实，你生命中的其他事情都会变得容易许多。

苏东坡在被贬谪到海南岛的时候，岛上的孤寂落寞，与当初的飞黄腾达相比，简直判若两个世界。但苏东坡却认为，在孤岛上生活的，也不只是他一人,大地也是海洋中的孤岛。就像一盆水中的小蚂蚁，当它爬上一片树叶，这也是它的孤岛。所以，苏东坡相信，只要能随遇而安，就会快乐。

苏东坡在岛上，每吃到当地的海产，他就庆幸自己能到海南岛。甚至他想，如果朝中有大臣早他而来，他怎么能独自享受如此的美食呢?所以，遇事能看到它有利的一面，就会觉得人生快乐无比。人生没有绝对的苦乐，只要凡事肯向好处想，自然能转苦为乐。海伦·凯勒说：“面对阳光，你就会看不到阴影。”积极的人生观，就是心里的阳光!

消极的人多抱怨，积极的人多希望。消极的人等待着生活的安排，积极的人主动安排、改变生活。而积极的心态是快乐的起点，愉快地接受意想不到的任务，悦纳意想不到的变化，宽容意想不到的冒犯，做好想做又不敢做的事，获得他人所企望的发展机遇，你自然也就会超越他人。而如果让消极的思想压着你，你就会像一个要长途跋涉的人背着无用的沉重大包袱一样，无暇欢笑。

你不能控制他人，但你可掌握自己；你不能选择容貌，但你可以展现笑容；你不能左右生活，但你可以改变心情。

有一双发现快乐的眼睛，你就能成为第二个罗丹。

心境自造，你的眼睛决定了你的心境。

降低一份欲望，得到一份幸福

《佛说生经》上说：一切世间的欲望，没有一个人不想满足，这些有着非常大的危害，为什么还要自找伤害？大大小小一切河流，全都流归大海。欲望不能满足，贪爱没有止境。

是啊，欲望像越滚越大的雪球，蛊惑着人们拼命向前。那个向前通向幸福吗？幸福的标准又是什么呢？有许多人都不知道。人们的心灵被欲望占据久了，都有些麻木了。

有一个从事房地产的年轻人，经过自己几年的打拼，在本地已小有名气了。他每天的生活就像上足劲的发条一样，被传真、资料、甲方以及各种方案充塞得满满的。

一天，他加班到很晚。从公司出来后，走了很远的路也没有叫到车。走得热了，他停下来，解开领带，仰头出了口气。这时，他吃惊地看见星星在丝绒般的夜幕中闪烁着，洋溢着一种无言的美丽。一如他大学毕业前的最后一晚，几个要好的同学躺在学校图书馆前的草坪上看到的那样。那一晚，他们深深被血脉中扩张的青春激动着，广袤的星空与未来的前途一片光明。

从那以后，他几乎再也没有时间去注视过夜晚的星空了。因为从他走入社会，他一直保持着弯腰向前奔跑的姿势。太忙了，欲望总在膨胀，目标总在前方，于是他不停地向前奔跑着……

每个夜晚的这个时刻，他多半在应酬或是在作楼盘计划和方案，他从没有想过哪怕透过一扇小窗，去望望宁静的夜空，倾听心灵一些细小的声音。

今天，当自己站在这静谧的星空下，他突然想起以前在大学看过一位日本餐饮业巨头总结的成功之道：在其连锁店中能提供给顾客的，永远是17厘米厚的汉堡与4℃的可乐。据他的研究人员研究发现，这是令客人感觉最佳的口感。当然，你也可以选择把汉堡做成20厘米厚，把可乐加热到10℃，但它们并不意味着最佳口感。

对于幸福，其实也只要17厘米和4℃就够了。幸福，它是一路上持续发生的，就如深夜静谧而美丽的星空所带给人的震撼，而非那个令人疲惫的终极雪球。

幸福到底是什么？许多人都在问，其实得到幸福很简单。听一听自己内心的声音，扔掉那些对自己来说十分奢侈的梦想和追求，那么，你就被幸福包围了。

有位著名的心理学家说：“一个人体会幸福的感觉不仅与现实有关，还与自己的期望值紧密相连。如果期望值大于现实值，人们就会失望；反之，就会高兴。”的确，在同样的现实面前，由于期望值不一样，你的心情、体会就会产生差异。

一只老猫见到一只小猫在追逐自己的尾巴，便问道：“你为什么要追自己的尾巴呢？”小猫回答说：“我听说，对于一只猫来说，最为美好的便是幸福，而这个幸福就是我的尾巴。所以，我正在追逐它，一旦我捉住了我的尾巴，便会得到幸福。”

老猫说：“我的孩子，我也曾考虑过宇宙间的各种问题，我也曾认为幸福就是我的尾巴。但是，我现在已经发现，每当我追逐自己的尾巴时，它总是一躲再躲，而当我着手做自己的事情时，它却形影不离地伴随着我。”

同样的道理，在现实生活中，人们总是喜欢拼命地追求、索取，以为这样便可以得到幸福，殊不知，当你费尽心机地实现了这个目标，消除了一个烦恼，很快你又会有新的没有实现的目标，你又会烦恼。如此反复，永无尽头。事实上，人们追求的东西往往是自己并不需要的。

成龙拍完《我是谁》这部大片之后，在一次采访中说，他拍电影的场地从非洲到繁华的都市，有着很深的感触。他说："在非洲，人们很容易满足，有面包能吃饱肚子，那就是幸福的一天。可是，繁华都市里的人，不用担心三餐，却有着很多的烦恼，他们总是在追求自己所不需要的东西"。

其实，追求幸福最有效率的方法就是"降低你的欲望"。通过心理调节，使自己能够平静地对待目标，从而减轻或消除心理负担，幸福也就会悄然而至。在世界上所有获得幸福的途径中，这种方法的投入产出比最高，它基本上不用你花一分钱，有时甚至能省钱。

一位智者说："人生不同的结果起源于不同的心态。"的确，假如世界变得灰暗，那是你自己心中不够灿烂。只要降低一份欲望，你便会得到一份幸福。

安贫乐道，人生快哉

《坛经》认为：“自心归依觉，邪迷不生，少欲知足，能离财色，名两足尊。”人一旦有了觉悟，就不会产生错误的思想，就会清心寡欲而变得知足常乐起来。《坛经》所指出的是一种安贫乐道的心态，这种心态建立在对人生的觉悟之上。

守静禅师曾作过一首名为《云水》的偈，其中深含《坛经》中的这种思想——

流水下山非有意，片云归洞本无心。
人生若得如云水，铁树开花遍界春。

守静禅师此偈前两句是用了拟人的手法进行论述的，首句中写水从上往下流，只是顺应“水往低处流”的自由本性，而不是刻意所为，暗喻人也应当把握自己清净无垢的本性。第二句中一片云随意游荡，就算飘入洞中，也并非存心而为。寓指禅修也不应虚妄计度。第三句总合了前两句中的事物，以“云水”喻“人生”，指出人的生活如果能像“云水”一样遵循本性，那就不必刻意修炼便可成佛。要知道，倘若每个人都懂得遵循自己的本性，就不会有那么多的烦心事儿，人生也会变得快乐无忧。

幸福与快乐其实都是由心理状态决定的。快乐并不一定要花大钱、搞“大动作”，有时只是一种觉悟问题，悟到了也就快乐了——口干了有水喝，肚子饿了有饭吃，退休后可以养花种草、养鱼养龟……心里舒畅的感觉，有时只需我们时时拥有一颗容易满足的心即可。

有这么一位推销员，他在一个圣诞夜便悟得了这个快乐秘方。

那是某一年的圣诞夜，家家户户都张灯结彩，充满着节日的欢愉。这位推销员却一个人孤单地坐在公园里的一张长椅上回顾着往事——

去年的今天，他也是孤单一人，以醉酒度过了圣诞节，没有新衣、没有新鞋，更谈不上新车子、新屋子了。“唉!看来今年我又要穿着这双旧鞋子度过圣诞了!”心里想着，并看了看脚上的这双旧皮鞋，一股惆怅悄然涌上心间。

就在这时，这位推销员看到了一位残疾青年正费力地支配着轮椅在他身旁经过，他立即顿悟：“我有鞋子穿是多么幸福!他连穿鞋子的机会都没有啊!”那天过后，这名推销员发奋图强，力争上游，终于，他有了不错的业绩，不但穿上了新鞋还有了自己的车、自己的房。

如何把“禅”的这种生活之道落实到生活里去呢？首先我们必须随时保持一种“知足常乐”的心态。

“知足常乐”听起来有点消极、有点不思进取的意味。其实不然，“知足常乐”非但不消极，反而是活泼、积极的，用现代人的形容词叫“敬业乐群”，人之所以有烦恼，很多时候都在于“不知足”。例如当我们找到一个工作以后，如果心里所想的只是要怎样往上爬，要怎样才能出人头地，这时烦恼就会产生了。如果我们能用另一个想法：“这份工作确实得来不易，是社会上种种的因缘与助力，让我得到这个工作机会。”自然你就会珍惜与尊重这份工作，用这种心态去对待工作与工作的伙伴，就不难发现何谓快意人生了!

贫困的生活、卑贱的身份，很容易使人丧失志气、丢失激情。在磨难中保持热度不减，是生活发生转机的首要前提。再贫贱的人只要能够坚持住自己的信念、安贫乐道，那么生活就不会抛弃他、快乐也不会远离他。

东汉时，出身微贱的陈实在家乡当了一名县衙的小吏，有时还要干粗活。陈实俸禄很少，常常挨饿，有人就劝他说：“你毕竟是个小吏，吃不上饭只因你太本分了，为什么不贪占一点财物呢?”

陈实说：“我身份卑贱，如是再干些不法之事，不是更下贱吗?我不能胡为，我要保持心灵的纯洁。”

陈实用心读书，希望有一天能摆脱卑贱的地位。有人认为他当务之急是安定生活，劝他说：“人要穿衣吃饭，读书是没什么大用呢！即便你有大学问，仅因为你穷别人也会看不起你，还是干点正事吧。”

陈实不理会这些，相信自己总有出人头地的那一天。后来，陈实当了太丘县县令。他在任上，生活虽然有些改善，但因他奉公守法，日子仍不宽裕。

陈实的手下没有油水可捞，都对他抱怨不止，有的公开对他说：“从前的县令，自己富足，我们做下属的也有好处可得。现在你自己清苦，我们也跟着受穷，对谁都没有好处，应该变通一下才好。”

陈实说：“我不想违法，因为我知道犯罪比受穷的害处更大。贫穷时不失去正义之心，严守本分，这才是致富的正途，哪能任性胡来呢?我们现在无灾无难，这不比违法入狱要好很多吗?”

邻县的县令后来因贪赃入狱，他的下属也有很多人被牵连治罪。陈实的下属这才感到他的教导正确，说：“贫贱的人一旦把握不住自己，就会惹来更大的祸患，我们现在平安无事，都是陈实所赐啊!”

陈实不因贫贱而巧取豪夺，远离正道，所以后来他才当上了高官，没有中途倒下。他教导下属不用歪门邪道解脱贫困，他们才没有滑向犯罪的深渊。

安贫乐道，并非不思进取，它是在一种平和的心态，是一种于不以物喜、不以已悲的积极心态，它是一种人生觉悟，能够让我们坦然度过人生中的每一个失意、每一段痛苦。

坚持自己的信念，不因别人以及外界的干扰而随意改变，不让忧愁与烦恼来左右我们的情绪，这便是安贫乐道中的快乐人生。